Mauro Minola

Guerre al Moncenisio

Battaglie nei secoli sul Valico da Annibale al Trattato di Pace

Storia a Nord Ovest

Susalibri

Si ringrazia per la gentile disponibilità e collaborazione:
Beppe Ronco, Ottavio Zetta.

Foto attuali: Beppe Ronco, Ottavio Zetta.

Le fotografie delle pagine 117, 120, 123, 130 e 133 sono tratte da G. Massani, *La Battaglia delle Alpi*, Bergamo 1941, esemplare conservato nell'Archivio Minola.

Altre illustrazioni d'epoca, dove non specificamente indicato:
Archivio Minola, *Moncenisio*.

Un grazie particolare a Ferdinando Miletto per la collaborazione

Grafica e impaginazione: Susalibri
L'editore dichiara la propria disponibilità
a regolarizzare eventuali omissioni o errori di attribuzione

Stampa: Grafica Veneta S.p.A.
per conto della Susalibri
Via Susa 2/B - 10057 Sant'Ambrogio di Torino (To) - Tel. 011.93.99.860
Sito internet: www.susalibri.it
E-mail: info@susalibri.it

GRAFICA VENETA CARBON NEUTRAL

Questo libro è stato stampato da Grafica Veneta S.p.A.
con un processo di stampa e rilegatura certificato 100% carbon neutral
in accordo con PAS 2060 BSI

Finito di stampare nel mese di febbraio 2024

In copertina: Bersaglieri motociclisti sulla strada statale 25 del Moncenisio *(Stato Maggiore Esercito, Ufficio storico)*.

PREMESSA

Il Moncenisio, il grande valico straordinario per la sua natura selvaggia, per i paesaggi di un'alta montagna indomita già nell'aspetto, per la sua storia, che non è una scolastica narrazione di vicende, ma un modo di essere attraverso i secoli in un luogo fisico tra le valli dell'Arc e di Susa, a metà percorso tra Parigi e Roma, capace di restare punto d'incontro di cultura diverse anche quando è stato strumentalizzato per divisioni, scontri.

Moncenisio cuore di una regione alpina che ha unito, messo in contatto e collegato popolazioni, ambienti, tradizioni, conosciuto lingue differenti, trionfi e miserie umane. Lo conobbero condottieri, imperatori, papi, eserciti, mercanti e pellegrini, con le popolazioni locali ben consapevoli del proprio ruolo e delle opportunità del luogo, valorizzato da Napoleone Bonaparte, scalato da una ferrovia, conteso dagli Stati moderni, arricchito di fortificazioni e dighe. In una natura incomparabile per botanica e fauna, qui cammini sui sentieri di una Storia che ben pochi luoghi possono vantare così ricca e significativa. Ecco, fra i tanti pregi del libro vi è la capacità dell'autore Mauro Minola e l'intuizione dell'editore Susalibri di raccontare le battaglie avvenute nei secoli sul valico come un filo conduttore per narrare la Storia del Moncenisio, ma anche le storie umane di quanti vennero coinvolti.

A volte vi sono importanti e certificati studi, ma si ha difficoltà a divulgarli. In altre occasioni per raggiungere facilmente il lettore si sacrificano metodi e documentazione.

In questo volume, invece, è riuscita una rara e felicissima unione fra precisione e serietà di fonti con una narrativa avvincente come un romanzo.

Le guerre al Moncenisio testimoniano l'importanza di questo Colle senza interruzione nei secoli, dove i grandi avvenimenti si sono susseguiti a ritmi serrati, mentre le cascate canterine, le fioriture, gli alpeggi e il suono dei vecchi mestieri facevano da cornice e hanno avvolto le arroganze belliche come la nebbia improvvisa che risale i versanti, o come la neve che tutto copre.

Ci sono le battaglie della storiografia e le battaglie della vita dei montanari, delle guide, di quanti per volontà o loro malgrado si sono ritrovati a vivere il Moncenisio.

Misterioso, affascinante, mai indifferente, il nostro Colle viene nel libro narrato nelle sue guerre perché si abbia il piacere della lettura storica, la voglia di conoscere queste montagne senza retorica, le capacità di valorizzare e reinvestire una grande eredità per costruire un futuro di valico aperto. Aperto in senso fisico alle persone che lo vogliono frequentare e vivere, aperto perché qui le idee e i grandi movimenti storici ci sono stati davvero e sta a noi che anziché guerre divengano un valore aggiunto, perché con spirito e strumenti moderni si costruisca l'esempio di una regione europea omogenea, fatta di genti che le montagne uniscono anziché dividere e le diversità arricchiscono anziché farle scontrare.

Mauro Carena
Sindaco di Moncenisio
Presidente Unione Montana Alta Valle Susa

INDICE

Moncenisio, la porta delle Alpi

Il Colle del Moncenisio è considerato il più importante valico tra il Piemonte e la Savoia. Nonostante si trovi in un severo ambiente alpino e abbia opposto nel corso dei secoli parecchie difficoltà di attraversamento, ha rappresentato da sempre una delle principali vie di transito per mercanti, eserciti e pellegrini: poco usato dai romani, che gli preferivano il Piccolo San Bernardo (*Alpis Graia*) per i collegamenti con la Francia del Nord e il più comodo Monginevro (*Mons Matrona*) per quelli con la Provenza e la Spagna, il colle era originariamente sfruttato come itinerario secondario dalle popolazioni alpine locali.

Prima che i romani costruissero una strada, seppure di importanza secondaria, attraverso il massiccio montuoso dell'Ambin, la zona balzò agli onori della cronaca storica per il passaggio dell'esercito cartaginese di Annibale durante la sua marcia dalla Spagna a Roma.[1]

Nel Medioevo il percorso antico fu abbandonato a favore di quello che sfruttava la Val Cenischia Questo assunse la funzione di asse principale per gli scambi tra la Pianura padana e il regno di Carlo Magno. L'abbazia di Novalesa fu fondata nel 726 dal patrizio Abbone, governatore di Susa e della Moriana, proprio per garantire assistenza ai pellegrini che transitavano sul Moncenisio.

Nel 773 anche Carlo Magno attraversò il Moncenisio con il suo esercito per fronteggiare i longobardi del re Desiderio.[2]

Per migliorare la sicurezza sul difficile percorso montano, Ludovico il Pio, figlio di Carlo Magno, nell'825 fondò un Ospizio sull'altopiano, in riva al lago, con la funzione specifica di assistere i viandanti e di offrire loro un sicuro ricovero durante il transito.

---

1 Si veda il capitolo "Il passaggio di Annibale".

2 Si veda il capitolo "La calata di Carlo Magno".

Nel XII secolo il Moncenisio, che era sotto il dominio dei marchesi di Torino, grazie al matrimonio tra Oddone di Savoia e la contessa Adelaide di Torino, fu assorbito nei possedimenti dei conti di Moriana-Savoia, diventando un valico interno tra la Comba di Susa e la Moriana.

Con l'acquisizione della principale via di passaggio tra l'Italia e la Francia, i conti di Moriana ottennero un indubbio potere strategico e politico. E ben consci dell'importanza che tale posizione aveva per l'attraversamento delle Alpi, le dedicarono sempre molte attenzioni, tanto da diventare ben presto noti con il significativo appellativo di Portinai delle Alpi.

I conti sabaudi riuscirono a potenziare le possibilità economiche del valico attuando un'accorta politica di alleanze e di rapporti con le istituzioni presenti sul territorio: il percorso della grande e famosa Via Francigena, l'itinerario che collegava Chambéry con Torino, la via romea dei pellegrini, diventò in breve tempo il percorso più sicuro e più redditizio per le migliaia di mercanti che esportavano i loro prodotti al di qua e al di là della catena alpina.

Fra i primi interventi messi in atto dai conti vi fu quello di modificare la viabilità rendendola più agevole: a partire dal XIII secolo il tracciato dell'itinerario fu accorciato e deviato sull'asse Lanslebourg-Colle del Grande Moncenisio, abbandonando quindi la ripida mulattiera carolingia che risaliva da Bramans al Piccolo Moncenisio. Per migliorare il transito invernale furono poi accordati parecchi privilegi agli abitanti della zona: in cambio delle immunità, le popolazioni che risiedevano nei pressi del Moncenisio si impegnarono a soccorrere i viaggiatori in difficoltà. L'intervento più incisivo dell'autorità politica fu però rivolto a garantire la sicurezza, agendo con estremo rigore nei confronti delle bande di briganti che ancora infestavano il luogo.

Grande importanza fu attribuita ai luoghi di tappa e di soccorso, in particolare all'Ospizio, che rivestì sempre un ruolo di primo piano nell'assolvimento di questa funzione. Nel corso dei secoli gli esponenti della dinastia sabauda ne arricchirono il patrimonio con elargizioni e donazioni, stabilendo un patrocinio quasi esclusivo sul monastero. Il Priore (o Prevosto) dell'Ospizio, nominato direttamente dai Savoia, era considerato il custode del valico: possedeva i poteri di un vescovo, con giurisdizione su parecchie chiese della Moriana e della Valle di Susa. La fama del luogo divenne tale che, per i cadetti delle grandi famiglie savoiarde, entrare nella congregazione dell'Ospizio era considerato un punto d'onore.

Dal XVII secolo l'istituzione entrò però in un lungo periodo di decadenza: la carica di priore fu conferita ad abati commendatari, appiattendosi sull'immagine di un grigio funzionario dell'amministrazione sabauda. Tuttavia non mancarono buoni priori al Moncenisio: dal 1727, per circa 50 anni, regnò sull'Ospizio il savoiardo Nicolas Grassy, curiosa figura di cacciatore, pescatore e cuoco, ricordato da moltissimi viaggiatori nelle loro memorie.

Nell'epoca medievale i conti sabaudi attraversavano di frequente il Moncenisio: non avendo, come è noto, una capitale fissa, erano costretti a spostarsi continuamente tra i principali castelli delle loro terre, sia al di là dei monti che al di qua, nell'amata Valle di Susa.

Uno dei transiti più importanti fu certamente quello di Amedeo V nel 1310: il conte di Savoia accompagnava il cognato Enrico VII del Lussemburgo a Roma con gran seguito di dame e di cavalieri. Un'altra traversata memorabile la compì nel 1440 Margherita di Savoia, figlia del duca Ludovico: partita da Torino il 10 ottobre con un gran corteo di dame e di bambini, giunse a Novalesa e poi a Ferrera, dove pernottò all'albergo del Montone. Salita all'Ospizio, Margherita incontrò il priore e fece l'elemosina di un "grosso" al monastero. Valicato il colle, la principessa e i dignitari salirono a bordo delle slitte (le Ramasse) che li condussero fino a Lanslebourg.

Ma il Moncenisio fu anche teatro di grandi cerimonie che lasciarono il segno nei fasti del ducato: nel 1619, per il matrimonio tra Cristina di Francia e il principe di Piemonte Vittorio

Amedeo, il duca Carlo Emanuele I volle fare le cose in grande. Nel giro di pochi giorni fece costruire sulle rive del lago un grande edificio in pietra, costituito da cinque stanze al piano terreno e da quattro a quello superiore.

Il palazzo, arredato con arazzi, tappeti e vasellame fatti giungere apposta da Torino, doveva ospitare per poche ore la sposa del principe di Piemonte, sorella del re di Francia Luigi XIII, in viaggio verso Torino. Per l'occasione il duca organizzò un favoloso banchetto, durante il quale, sulle acque del lago, intorno all'isoletta della Motta, fu simulato il vittorioso assedio di Rodi sostenuto da Amedeo VI: la principessa «poté scorgere dalle finestre dell'edificio quattro armate che si apprestavano a darsi battaglia, due sul mare e due sulla terra, due turche e due cristiane; davanti a quest'ultime brillavano gli stendardi con le aquile dei Savoia e con le Croci bianche dei Cavalieri di Rodi». Per la rappresentazione furono assoldate centinaia di comparse; decine di portatori di Novalesa e di Lanslebourg trasportarono smontati i dodici grossi barconi che avrebbero simulato la battaglia navale; altri operai li rimontarono sulle rive del lago, camuffandoli abilmente da galere marine.

Alla fine dello spettacolo, seguito con attenzione e meraviglia dai principi e dalla corte sabauda, il palazzo del Moncenisio venne abbandonato. Alla fine del XVII secolo, vinto dall'inclemenza del tempo e dall'incuria degli uomini, non ne rimase che un ammasso di ruderi.

Un gruppo di Bersaglieri sulla porta occidentale della cinta dell'Ospizio.

Proprio alla fine del Seicento si registrò ancora un importante transito militare del Moncenisio, questa volta compiuto dai valdesi che, col loro Glorioso Rimpatrio, ritornavano dall'esilio di Ginevra.[3]

L'itinerario del valico determinò la fortuna dei Savoia. Ma come si presentava questo grande asse viario, percorso in ogni stagione da re, principi e da migliaia di pellegrini?

3 Si veda il capitolo "Il Glorioso Rimpatrio dei valdesi".

La salita del Moncenisio aveva inizio da Novalesa, il borgo conosciuto in tutto il mondo medievale per la presenza della famosa abbazia benedettina, resa celebre da uno dei suoi abati, San Eldrado, che la illustrò con le opere e gli scritti.

Da Novalesa iniziava la lunga e pericolosa mulattiera che, superando un dislivello di oltre mille metri, raggiungeva la Gran Croce e il pianoro del Moncenisio. Non essendo carrozzabile, i veicoli dovevano essere smontati, caricati a dorso di mulo fino a Lanslebourg, dove venivano rimontati. Nel villaggio si smontavano le carrozze, si passava la dogana, si contrattavano i passaggi e i compensi agli abili marrons (guide), eventualmente si pernottava per la notte, in attesa che si smaltisse l'elevato traffico in partenza o migliorassero le condizioni del tempo e della neve, spesso assai inclementi. Il borgo vantava parecchi alberghi, il più noto e citato dai viaggiatori era l'Eçu de France, anche se non sempre offriva agli ospiti quell'accoglienza degna della cifra che veniva richiesta, come si lamentava un segretario di ambasciata veneta nel 1583: «Bisognò dormire sopra stramazzi di foglie secche di alberi, senza lenzuola».

Gli abitanti avevano fatto la loro fortuna sulla frequenza dei passaggi. Concordavano il prezzo delle loro prestazioni, sempre piuttosto elevato, ma ben proporzionato alle loro fatiche: non si trattava solo di condurre i muli o trasportare a forza di braccia la portantina dei passeggeri, ma occorreva un'ottima conoscenza del tragitto e del territorio che solo l'uomo del posto possedeva, frutto di lunghi anni di esperienza, tramandata di padre in figlio: «Arbitri di quel passo e tiranni dei passeggeri - li definì uno dei tanti racconti che ne descrisse le gesta - gente fiera, intrattabile, robusta e forzuta che si nutre tra le fatiche e si avanza tra i disagi».

Preso accordo con i marrons, si lasciava il borgo e si affrontava la dura salita verso il colle su una mulattiera selciata, ripida, pericolosa. Il tracciato più antico si svolgeva sulla sponda sinistra del torrente Cenischia, dalla chiesa medievale di *Sancta Maria ad Pedes Montis Cinisii*, presso la borgata Santa Maria, si raggiungeva la Ferrera su una stretta e difficile mulattiera, passando accanto alla cappella di San Pancrazio. All'inizio del XVII secolo, a causa di una frana, il percorso fu spostato sull'opposto versante idrografico. La nuova strada affrontava il ripido pendio con ben 56 tornanti, Le Volte, fino alla caratteristica Pera Becua, un grande masso aguzzo che segnava il confine tra Novalesa e Ferrera. A Ferrera il viandante poteva contare su diversi alberghi dai nomi caratteristici: Sant'Antonio, dell'Angelo, del Montone, della Croce Bianca. Fino al XIV secolo, più che il villaggio sottostante, era questo il posto di tappa preferito sulla via del Moncenisio. A partire dal 1500 la fortuna della Ferrera cominciò a declinare a favore della Novalesa: non di meno la borgata fu sempre considerata uno dei più importanti punti di riferimento sulla strada reale.[4]

Attraversato il villaggio e lasciata a sinistra la cappella di Santa Barbara, il tracciato, tuttora agevolmente percorribile a piedi, risaliva il versante destro della valle sino alla località di Pietra Stretta, per entrare quindi nel vasto pianoro di San Nicolao. Qui le due antiche cappelle di San Nicolao e di San Maurizio segnavano il confine tra il Piemonte e la Savoia. Della prima rimangono ancora evidenti vestigia presso gli edifici dell'alpeggio, recentemente restaurate; la seconda è stata ormai cancellata dal trascorrere dei secoli e dall'inclemenza degli elementi. Al fondo del pianoro iniziava l'erta salita delle Scale, la bastionata rocciosa alla sommità della quale si raggiungeva la raccolta borgata della Gran Croce e il margine dell'ampio altopiano del Moncenisio. Il tratto della Scala, «che cagiona la perniciosa valanga in tempo d'inverno e di primavera», era sicuramente il più difficile. Si era infatti costretti a salire su una serie di stretti e pericolosi tornanti - Le Scale - esposti alla tormenta e alla bufera, con una pendenza che raggiungeva il 27%. Superata anche questa difficile prova si

4 Ferrera, divenuta dal 1947, con lo spostamento della linea di confine, sede del comune di Moncenisio, conta ora poche decine d'abitanti.

giungeva alla Gran Croce, il primo villaggio dell'altopiano, poche case con la cappella dedicata alla Madonna delle Nevi. La maggior parte dei viaggiatori preferiva fermarsi all'Ospizio che sorgeva sulle rive del caratteristico lago. Qui, oltre agli edifici dell'istituzione religiosa, si trovavano anche alcune taverne che offrivano ospitalità per la notte. Con un'ultima salita, passando per il piccolo borgo di Tavernette, si valicava il Colle del Moncenisio e si scendeva a Lanslebourg. Durante l'inverno questa discesa poteva essere compiuta a bordo della Ramasse, una rudimentale slitta guidata dai marrons. In dieci minuti veniva coperto un dislivello di seicento metri. Era senza dubbio un momento emozionante e tutti i racconti ci hanno lasciato diversi ricordi di questa corsa. I Savoia dedicarono sempre molta attenzione alla viabilità dell'itinerario per il Moncenisio: nel corso del XVIII secolo attuarono rilevanti interventi per migliorare la viabilità. Nella piana tra Susa e Novalesa furono ricostruiti ponti e muretti di protezione danneggiati dalle frequenti alluvioni. Per superare le tanto temute Scale si intrapresero cospicui lavori con l'uso di mine, modificando completamente il vecchio tracciato di origine medievale. In corrispondenza del margine inferiore del piano di San Nicolao, in un punto particolarmente esposto alle valanghe, fu sistemata, attorno al 1775, una galleria artificiale lunga duecento metri e larga poco meno di quattro: la strada coperta proteggeva il tratto di mulattiera più esposto alle continue slavine che precipitavano dalle dirupate pendici delle Combasse e che si presentava continuamente intransitabile durante la stagione invernale. La scomparsa del traffico conseguente alla costruzione della grande strada napoleonica ha permesso di conservare tuttora parecchi tratti dell'antica strada reale: un'escursione su questo storico itinerario consentirà di apprezzare numerosi particolari, l'accuratezza del selciato, i perfetti muretti a secco, i segni delle slitte sulle pietre, le incisioni antiche e moderne e tante altre testimonianze di un passato glorioso, su quella che poté fregiarsi, senza ombra di dubbio, del titolo di prima grande strada europea.

Il passaggio di Annibale

Prima che i romani costruissero una strada attraverso le Alpi, la catena montuosa balzò agli onori della cronaca storica per un fatto di straordinaria importanza: il passaggio dell'esercito cartaginese di Annibale nel 218 a. C. durante la sua marcia dalla Spagna a Roma.

Ma dove è passato Annibale con le sue truppe? Dare una risposta a questo interrogativo è un esercizio che ha sempre affascinato i cultori della storia, dell'archeologia e dell'ambiente. Si discute da più di un secolo sulla localizzazione del valico prescelto dai cartaginesi per l'attraversamento delle Alpi. Ancora oggi nessuno sa con certezza dove siano passati. In questi ultimi anni sono riprese le ricerche per individuare una volta per tutte il colle scelto da Annibale, ma l'incertezza regna tuttora sovrana. Senza perdersi nella vasta produzione bibliografica esistente sull'argomento, in questa sede cercheremo di focalizzare la nostra attenzione su una probabile via di passaggio che si trova nella zona del Moncenisio. Per quale motivo abbiamo scelto questa area? La rilettura degli approfonditi studi condotti dallo storico franco-inglese Marc-Antoine de Lavis Trafford negli anni Cinquanta del Novecento e delle più recenti ricerche dello studioso torinese Massimo Centini, ci porta ad affermare che il condottiero cartaginese molto probabilmente passò da un colle prossimo al Moncenisio, che è l'oggetto di questo libro.[1]

Si tratta del Colle Savine Coche, una depressione dello spartiacque principale tra Valle dell'Arc e Valle Dora, situata a poche centinaia di metri dal più noto Colle Clapier, nel massiccio dell'Ambin-Moncenisio. L'ipotesi dei due grandi studiosi, suffragata anche dalle ricerche di Geoffrey De Galbert e Patrick

1 Marc-Antoine de Lavis Trafford, *Le col alpin franchi par Hannibal: son identification topographique*, Termignon 1956; M. Centini, *Sulle orme di Annibale*, Il Punto, Torino 1987.

Hunt, è stata ripresa di recente anche dai due ricercatori romani Stefano Giorgi e Fabio Papi, che da anni conducono indagini archeologiche e storico-ambientali sull'argomento.[2]

Ma andiamo con ordine e vediamo in breve in quale modo Annibale si mise in marcia e come raggiunse le Alpi. I più importanti testi di riferimento classici sono quelli dello storico greco Polibio e del romano Tito Livio, che citeremo brevemente più avanti.[3]

I due racconti fanno riferimento ad una fonte comune, che è andata persa: la narrazione di Sileno, un reduce che, da ragazzo, partecipò di persona alla spedizione di Annibale. Il racconto di Polibio è più dettagliato e più accurato di quello di Tito Livio, anche perché lo scrittore ricorre direttamente alla testimonianza di Sileno.

Fin dal 222 a.C. i cartaginesi erano impegnati nella conquista della Spagna, prima sotto la guida di Amilcare Barca, quindi del figlio Annibale.

Nel 219 Annibale, senza curarsi degli accordi con Roma, assalì e conquistò Sagunto, una città simbolo dell'alleanza tra la Spagna e i romani.

2 M. Rey, *Annibale. Sulle tracce degli elefanti*, "Passaggi e Sconfini", 3, Borgone di Susa 2023.

3 Polibio, *Storie* (trad. C. Schick), Milano 1970, III 47-60; Livio, *Storia di Roma dalla sua fondazione*, (trad. B. Ceva), Milano 1986, XXI 31-38.

Lago Savine, nei pressi del Col Clapier.

Equivaleva ad una dichiarazione di guerra: dopo una serie di proteste, inascoltate, i romani si trovarono ancora una volta a combattere contro Cartagine. Era quanto Annibale voleva: il generale poteva così avviare il suo piano di invasione dell'Italia, che aveva da tempo meditato.

Dopo una marcia forzata che lo condusse ad attraversare i Pirenei, la Gallia e le Alpi, nell'autunno del 218 a.C. giunse nella Pianura padana con circa 26.000 uomini, armato dall'intenzione di far insorgere i popoli italici e i Celti contro Roma.

Dopo una sosta a Nuova Cartagine, necessaria per far riprendere le truppe, Annibale si mise in marcia con circa novantamila fanti e dodicimila cavalieri. L'attraversamento della Gallia si rivelò complesso e irto di ostacoli: non è questa la sede per ripercorrere l'itinerario francese dei cartaginesi, diciamo solo che, sulla base delle conoscenze attuali, quasi certamente Annibale seguì il fiume Rodano per un certo tratto, salendo poi verso nord est in direzione dell'arco alpino. Nel tragitto seguì probabilmente il fiume Isère e poi, raggiunta la confluenza di questo con il fiume Arc, seguì l'Arc fino a giungere nell'attuale Maurienne, ai piedi dell'attuale Colle del Moncenisio. Un importante punto di riferimento è dato dalla località «chiamata Isola, terra popolosa e ricca, così denominata per la sua caratteristica configurazione. Ai suoi lati scorrono infatti da una parte il fiume Rodano, e dall'altra quello chiamato Skaras (Isère), che confluiscono poi, dandole una forma a punta. Per vastità e forma essa è simile al cosiddetto delta in Egitto, se non che il terzo lato di quello è bagnato dal mare che congiunge due bracci del Nilo, mentre qui il terzo lato è formato da montagne, e si può dire, quasi inaccessibili» (Polibio, III, 49). Nei pressi dell'Isola Annibale trovò due fratelli che da tempo si contendevano il regno: al maggiore, Branco o Braneo, più saggio e ricco di esperienza, si opponeva il minore, appoggiato dai giovani del luogo, ma ostacolato dal senato e dai cittadini più importanti. Il condottiero cartaginese intervenne nella disputa per chiudere definitivamente la questione politica che si protraeva da anni. L'intervento dei cartaginesi fu sicuramente interessato, in quanto la prospettiva di ottenere molti rifornimenti prima di intraprendere la traversata alpina non lasciò del tutto indifferente un condottiero consapevole dell'impegno necessario per valicare le montagne.

La disponibilità di provviste, ma soprattutto di armi e vestiti adeguati rappresentò certo una opportunità per avventurarsi con maggiore sicurezza in un territorio sconosciuto, difficile e piuttosto freddo.[4]

Quando l'esercito giunse al colle alpino "era ormai vicino il tramonto delle Pleiadi" ricorda Polibio; Livio, con qualche indicazione in più, conferma che «i soldati già stanchi e scoraggiati per tante difficoltà, furono anche sorpresi da grande spavento a causa della caduta della neve, mentre la costellazione delle Pleiadi tramontava» (XXI, 35). Queste indicazioni ci permettono di stabilire che il transito avvenne verso la fine del mese di ottobre.

Purtroppo i testi classici tacciono su tutte le altre indicazioni geografiche che sarebbero ora necessarie per identificare il valico, limitandosi a segnalare alcuni particolari difficilmente riferibili a precise località, come il punto di osservazione dal quale gli uomini di Annibale videro la "pianura del Po". L'area di osservazione «appariva in posizione di acropoli rispetto al resto della penisola»; qui il condottiero incitò l'esercito stanco e provato con un caldo e trascinante discorso, ricco di buoni propositi e anche di velleità. Un'altra indicazione molto importante la fornisce Polibio, che visitò i luoghi non molti anni dopo i fatti, basandosi sul puntuale racconto di Sileno: «I posti li ho visti io, per osservarli e rendermi conto di persona ho fatto la traversata delle Alpi» (Polibio III, 48, 12). Secondo lo storico greco l'itinerario di Annibale non fu più abbandonato, ma venne scelto come via di attraversamento delle Alpi; e Polibio cita tre valichi nelle Alpi occidentali: «Uno che valica nel territorio dei Liguri, vicinissimo al Mar Tirreno, poi quello tra i Taurini, che fu percorso da Annibale, quindi quello che valica nel territorio dei Salassi».

A questo punto è lecito affermare che il valico attraversato da Annibale fosse in realtà già stato usato dai popoli presenti

---

4 Annibale, come riferisce Polibio, seguì l'Isère verso le Alpi con 38.000 fanti, più di 8.000 cavalieri, bestie da soma e 37 elefanti.

nell'area interessata (dai Taurini) e poi ancora sfruttato per molto tempo dopo il passaggio dei cartaginesi. Questo è proprio il caso dei numerosi colli minori che poi, durante la dominazione romana, furono sfruttati come vie alternative al percorso del Monginevro *(Mons Matrona)*. Grazie a questa considerazione gli studiosi convergono sul Colle Savine Coche (accanto all'attuale Col Clapier) che metteva in comunicazione la Val Clarea con la Valle d'Ambin. Questo valico era attraversato da un itinerario di origine celtica, poi trasformato in una strada romana: partiva da Susa, percorreva l'impervia Val Clarea fino a raggiungere la zona del Col Clapier e scendeva, attraverso il vallone Savine, a Bramans, nell'alta Valle Arc. Ancora oggi, come evidenziato dalle ricerche di de Lavis-Trafford e di Massimo Centini, nei pressi del Colle Clapier si può scorgere un tratto lastricato dell'antica strada romana che si dirige verso il pianoro occupato dai laghi del Gias.

I resti della strada romana del Col Savine.

I cartaginesi avrebbero utilizzato il valico posto a poche centinaia di metri ad ovest del Col Clapier, a cui Lavis-Trafford diede il nome di Col de Savine-Coche.

Dal 1961 questa depressione è chiamata, in onore del ricercatore inglese, Pas de Lavis-Trafford.[5]

Non ci resta che vedere quale fu il percorso dell'armata punica. A Bramans lasciò la Maurienne e iniziò la salita. Il percorso seguito corrisponde grosso modo al tracciato della strada attuale fino a Le Planey (1700 m). Da qui sarebbe entrata nella Val Savine.

Questa alta valle corre parallela alla Val Ambin. La Val Savine, lunga cinque chilometri, conduce al Lago Savine, da dove in breve tempo si raggiunge il passo. Lassù Annibale concesse al suo esercito due giorni di riposo, il tempo di lasciare che i ritardatari lo raggiungessero. Attorno al lago c'è spazio più che sufficiente per la sistemazione di un campo. Durante la sosta Annibale portò gli uomini al valico e mostrò loro l'Italia e la Pianura padana per consolarli dopo il duro lavoro svolto e prima della fatica che li attendeva.

Nelle giornate limpide dal Savine-Coche si riesce a vedere anche la pianura torinese, circa duemila metri più in basso.

Un particolare importante, messo in evidenza dagli studi di Lavis-Trafford: tra tutti i passi che vantano di aver visto passare le truppe di Annibale (Traversette, Monginevro, Piccolo Moncenisio, Moncenisio, Piccolo San Bernardo), solo il passo tra la valle della Savine e la Val Clarea presenta questa eminenza che i testi citano e da dove si gode tale vista sulla pianura del Po.

Sia Polibio che Tito Livio sono concordi sulle difficoltà incontrate nel corso della discesa verso la pianura dall'esercito cartaginese.

---

5 Nei secoli XVII-XVIII questo passaggio fu conosciuto sotto il nome di Piccolo Moncenisio. Nel XIX secolo fu attribuito questo nome all'attuale Colle Piccolo Moncenisio che anticamente si chiamava Coulour.

I guai peggiori furono causati dalle abbondanti nevicate recenti e dalla “neve vecchia” (un ghiacciaio?) già presente in zona dall’inverno precedente.

Polibio si sofferma ampiamente sulle problematiche causate dalla neve che ricopriva le zone alte del pendio italiano da attraversare dopo il valico. Ma accanto alla neve si inserisce un altro fatto di vaste proporzioni: Polibio cita “una frana di uno stadio e mezzo”, già esistente in loco o forse allargatasi proprio durante il transito cartaginese. Livio, dopo aver citato la frana, passa a descrivere una non meglio identificata rupe difficilissima da superare e di dimensioni tali da costringere gli uomini a una sosta forzata, in attesa di trovare la soluzione più idonea per infrangere l’impedimento.

Il grande ostacolo litico, sul quale di fatto si può dire ben poco, fu smantellato con un originalissimo sistema, che Livio descrisse con queste parole: «I soldati ... abbattuti e tagliati immensi alberi intorno, fecero una grandissima catasta di legna e le diedero fuoco dal basso, essendosi levata una furia di vento ad alimentare l’incendio; per spezzare le pietre le cosparsero di aceto.

Col Clapier: pilone di confine con la croce sabauda.

Così ruppero col ferro la roccia bruciata dall'incendio, resero meno ripide le discese, formando sulla strada modeste svolte in modo che potessero essere percorse non solo dagli animali da soma, ma anche dagli elefanti» (T. Livio, XXI, 37).

Dal valico Annibale, descrisse un'ampia curva, evitando la ripida discesa sulla profonda Val Clarea.

Seguendo il sentiero preromano verso ovest raggiunse il pianoro inclinato dell'Arià, un altopiano situato appena un centinaio di metri più in basso. Dall'Arià poteva calare su Chiomonte, sia attraverso il bosco del Tiraculo, sia attraverso il passo dei Quattro Denti.

La difficoltà del passaggio riportata nei testi classici fu probabilmente dovuta alle consistenti frane nel vallone che precedeva l'imbocco per l'altopiano dell'Arià, "una frana di uno stadio e mezzo", ricorda Polibio. Un ostacolo di tale rilevanza da costringere Annibale a fermarsi per ripristinare il passaggio e continuare nella discesa. Queste frane, sempre da stabilizzare e riprendere, diedero grossi problemi anche alla strada romana che fu tracciata nei secoli successivi. Nell'VIII secolo una gigantesca frana si staccò dalle vicine Rochers Pénibles, ostruendo il passaggio sul valico. La massa rocciosa fu talmente consistente da convincere i valligiani ad abbandonare l'antico tracciato e a spostare il traffico sul vicino Colour (attuale Colle del Piccolo Moncenisio) e la contigua Val Cenischia.

Per Annibale, superato il difficile punto della frana, la discesa non ebbe più grandi problemi. Giunto nella zona delle Grange Touille aveva diverse possibilità di discesa nella Valle della Dora: o verso sud, passando per il Colle Quattro Denti, per calare direttamente a Chiomonte; oppure dal Colle Quattro Denti, seguendo la cresta fino all'attuale Cappella Bianca (1390 m) e poi verso sud ovest fino a Chiomonte. Da qui raggiunse Segusio (Susa), mai citata nei testi classici ma della quale sappiamo, dai riscontri archeologici, l'esistenza come villaggio celto-ligure nel territorio dei Taurini. La marcia continuò verso Taurasia e la prima battaglia con le truppe romane nei pressi del Ticino.

Con il passaggio epocale di Annibale si aprì per la Valle della Dora e per la montagna del Moncenisio il grande racconto della Storia.

La calata di Carlo Magno

Come si è detto, agli inizi dell'VIII secolo, forse a causa di una gigantesca frana, l'itinerario romano del Colle Savine-Coche fu abbandonato a favore del vicino Colle del Coulour, che è ora conosciuto col nome di Piccolo Moncenisio. La via di discesa verso l'Italia fu spostata verso la piccola Val Cenischia, che fino ad allora non aveva rivestito una grande importanza.

Carlo Magno, re dei franchi.

Il cambiamento sarebbe passato inosservato se gli equilibri politici del tempo non avessero fatto assumere al nuovo percorso la funzione di asse principale per gli scambi tra la Pianura padana e il nascente regno franco. La Valle della Cenischia, limitata a settentrione dall'imponente catena rocciosa che unisce la Punta Lamet al Rocciamelone, è senza dubbio una delle più anguste dell'intero arco alpino occidentale: il torrente che le dà il nome, che ha origine dal lago del Moncenisio, scorre incassato tra due alte rupi e, superando un elevato dislivello, sfocia in una breve e tormentata pianura alluvionale che converge presto verso l'ampio bacino della Dora Riparia. Adagiati al fondo della conca, gli abitati di Venaus e di Novalesa, di origine romana, diventarono ben presto il fulcro della valle e dei suoi abitanti.

La storia di Novalesa si intreccia e si confonde con le vicende della sua celebre abbazia e con la naturale vocazione di luogo di sosta sulla via del Moncenisio. L'abbazia di Novalesa venne fondata nel 726 dal patrizio Abbone, governatore di Susa e della Moriana, proprio per garantire assistenza ai pellegrini che transitavano sul nuovo percorso del Moncenisio. Con il regno di Carlo Magno raggiunse il massimo dello splendore, diventando una delle più importanti istituzioni monastiche del Medioevo. Il re franco, ben consapevole della strategica posizione che essa occupava, la sfruttò come base per le operazioni contro i longobardi e quale indispensabile segno di affermazione del proprio potere al di qua delle Alpi.

Nel 773 Carlo Magno attraversò il Moncenisio con il suo esercito per fronteggiare i longobardi del re Desiderio.

L'episodio rappresentò l'epilogo di una serie complessa di vicende, iniziate ben prima dell'epoca dei due protagonisti: in seguito alla politica espansionistica perseguita dai longobardi ai danni dei territori del papato, a metà dell'VIII secolo il papa Stefano II aveva sentito l'esigenza di trovarsi un protettore fra le nascenti monarchie del Nord Europa. Egli si era rivolto al re franco Pipino, offrendogli in cambio di legittimare la sua ascesa al trono, che in realtà era stata un'usurpazione del potere merovingio. Iniziò così una lunga guerra contro i longobardi, caratterizzata da diversi interventi degli eserciti d'oltralpe, alternati a brevi periodi di tregua.

L'ultima calata fu quella attuata da Carlo Magno: il sovrano, chiamato ancora una volta dal papa Adriano I, vessato dalle pesanti minacce del re Desiderio, decise di porre fine una volta per tutte al giogo longobardo.

Nell'estate del 773 l'esercito franco si mosse verso l'Italia. Alla fine di agosto Carlo valicò il Moncenisio e scese alla Novalesa, dove sostò, in attesa che la cavalleria e l'altra colonna, guidata dallo zio Bernardo, attraverso il Gran San Bernardo raggiungesse la pianura di Ivrea.

Carlo Magno ripercorse la via del Moncenisio, come già aveva fatto suo padre Pipino con il suo esercito nel 756. Il percorso seguito dall'esercito franco usava l'itinerario che era ormai diventato comune per tutti coloro che attraversavano le Alpi.

Percorreva per alcuni tratti l'antica via romana lungo la Val Savine, partendo da Bramans nella Valle dell'Arc: il sentiero passava di fianco alla chiesa romanica di Saint-Pierre d'Extravache e raggiungeva la borgata di Planey, alla confluenza tra i torrenti Ambin ed Etiache. Da qui, con un percorso ripido, attraverso la selvaggia regione della Crosta, ricca di pietraie e di sfasciume, saliva al Coulour, il passo che ora è conosciuto col nome di Piccolo Moncenisio.

Dal valico l'itinerario si dirigeva verso il lago, seguiva la base del monte Pattacroce e, guadagnata la riva meridionale dello specchio d'acqua, si dirigeva al Colle Margot e al pianoro dove ora vi è la borgata Gran Croce. Da questo punto, un ripido sentiero permetteva di costeggiare il torrente Cenischia, superare il dirupo della regione Scala e scendere al pianoro di San Nicolao. Il percorso proseguiva per il villaggio di Ferrera e l'importante borgo di Novalesa, dove sorgeva l'abbazia benedettina. In sostanza questa era la strada medievale, che non passava ancora dal vero e proprio valico del Moncenisio, ma aveva già scelto di sfruttare la via della Val Cenischia.

Una parte dell'esercito franco scese anche dal Monginevro: prima di raggiungere Susa, come racconta il Cronista della Novalesa, i franchi ridussero in macerie una torre quadrata costruita in un luogo elevato ed in cui aveva trovato rifugio una banda di furfanti che taglieggiavano i pellegrini sulla strada.

All'abbazia l'abate Frodoino, assai legato alla dinastia franca, accolse con tutti gli onori il sovrano, mettendogli a disposizione qualsiasi cosa che gli fosse utile. La fermata alla Novalesa permise a Carlo e ai suoi ufficiali di conoscere meglio il territorio della valle e di elaborare un piano per l'attacco alle fortificazioni longobarde. La sosta, come rammenta il Cronista della Novalesa, non fu breve: la truppa si «fermò tanto a lungo da consumare in cibo tutti i beni e le provviste dei monaci. Non vi si tratteneva senza ragione: in quei giorni il monastero era eccezionalmente opulento, pieno d'ogni ricchezza e dal suo santissimo abate provvidamente era stato disposto».[1]

Dopo aver rimesso i suoi uomini in condizioni di combattere, Carlo volle passare all'azione. Qui cominciavano i problemi, perché le truppe di Desiderio si erano attestate a difesa del confine del loro regno al riparo di possenti fortificazioni. Le famose *Clusae Longobardorum*, le Chiuse longobarde.

Le Chiuse sorgevano nell'area compresa tra la base del Pirchiriano, il villaggio di Chiusa San Michele e gli opposti fianchi rocciosi del Truc Le Mura, dove ora vi sono i ruderi del castello medievale di Condove, detto del Conte Verde.

Tale certezza è anche avvalorata dalla Cronaca di Novalesa: « Tutte le valli e gli ingressi per cui dalla Gallia si può passare in Italia si sbarrino con pietra e calce da un monte all'altro, in modo che con bastioni e con torri *(propugnaculis et turribus)* sia

1 Gli avvenimenti del 773 sono narrati nel libro III del *Chronicon Novalicense*, G. C. Alessio (a cura di), *Cronaca di Novalesa*, Einaudi, Torino 1982.

Castello del Conte Verde: iscrizione dedicata alla battaglia delle Chiuse (773 d.C.).

impedito l'accesso... Infatti fino ad oggi si notano le fondamenta dei muri che vanno dal monte Porcariano (Pirchiriano, nda) fino al villaggio di monte Cabrio (Caprie, nda) dove era stato eretto in quei giorni anche un palazzo per seguire gli accadimenti».

Come si presentava questo sbarramento che doveva chiudere a qualsiasi esercito la via per l'Italia? Delle fortificazioni longobarde non abbiamo rappresentazioni e neppure ci sono giunte attendibili vestigia archeologiche.

Il muro di pietre a secco, lungo una trentina di metri, che sorge a Chiusa San Michele a fianco del rio Pracchio, ritenuto dalla tradizione locale parte dell'antico sbarramento, appare essere di epoca assai più tarda. Altrettanto si può dire dei muretti che sorgono sul Truc Le Mura.

Neppure le scarse fonti ci forniscono un aiuto. La Cronaca della Novalesa, nel suo accenno alle fortificazioni longobarde, parla di *propugnacula* e di torri. Il primo termine lo si potrebbe tradurre con "bastioni", occorre tuttavia procedere con prudenza, senza subito pensare, come si ipotizzò nei secoli scorsi, a un muro continuo di pietre a secco che sbarrava trasversalmente la valle da un capo all'altro del restringimento naturale. Oltre che dispendiosa e difficile da difendere, una tale opera sarebbe stata oltremodo inadeguata al luogo. Proviamo infatti ad esaminare il terreno della bassa valle nell'alto Medioevo: il breve tratto del solco vallivo si presentava paludoso, continuamente soggetto alle frequenti alluvioni della Dora che, priva di arginature, aveva un letto molto più largo dell'attuale. Quest'area, già di per sé stessa poco accessibile, poteva essere difesa anche da semplici fortificazioni campali. In quel periodo le azioni di sorpresa avevano come protagonista la cavalleria: per fermarne l'impeto delle cariche si ricorreva ad opere provvisorie, anche abbastanza semplici da costruire, come le palizzate e i cavalli di Frisia.[2]

Per quanto riguarda le torri si è fatta l'ipotesi che fossero impiegate una sorta di torri quadrate, «prevalentemente in legname (talvolta totalmente), erette di norma in posizione isolata, potevano avere carattere passeggero (cioè provvisorio), come ad esempio nel quadro delle operazioni di assedio sia nelle linee avanzate degli attaccanti, sia in punti critici della difesa».[3] Con buona probabilità una di queste torrette sorgeva sull'altura dove poi fu eretto il castello di Condove, da cui poteva dominare l'intero tracciato della linea fortificata.

Ad avvalorare l'ipotesi che le strutture difensive delle Chiuse avessero un marcato carattere provvisorio sono le stesse fonti che testimoniano numerosi interventi di restauro dei manufatti,

2 Le palizzate erano costituite da file continue di pali con la punta aguzza, disposti a 45 gradi verso la direzione di provenienza del nemico. I cavalli di Frisia erano costituiti da due cavalletti incrociati, disposti su file continue.

3 G. Amoretti, *Le prime costruzioni fortificate sul Monte di Torino*, 1991.

anche con un rinforzo in pietre e macerie: dalle cronache del tempo sappiamo che nel 755 Astolfo ordinò che le Chiuse fossero «restaurate con una porta di guardia, affinché i nostri uomini non potessero più andare oltre senza il volere del re» e attrezzate con macchine da guerra (*machinis et multo apparatu*).

Nell'attesa di sferrare la grande offensiva, i cavalieri franchi, riuniti in piccole squadre, si spingevano fino all'area delle Chiuse: il più delle volte si fermavano a distanza di sicurezza per osservare il campo nemico, in altre occasioni cercavano di sorprendere qualche drappello longobardo isolato o le sentinelle, saggiando così la capacità di reazione degli avversari con qualche scaramuccia. I longobardi non stavano di certo a guardare: spesso squadre di cavalieri uscivano dal campo delle Chiuse per saccheggiare i primi villaggi del territorio franco; talvolta arrivavano fino alle porte di Susa, sorprendendo con azioni di guerriglia i soldati nemici in pattuglia. Queste sortite erano condotte dal figlio di Desiderio, il principe Adelchi, che "spiava i franchi giorno e notte e, quando li vedeva addormentati, subito si gettava su di loro coi suoi guerrieri e, colpendo a destra e a manca, li abbatteva con grandissima strage".

Le fortificazioni delle Chiuse costituivano per Carlo un bel problema. Un assalto frontale sarebbe stato ben difficile da pianificare ed avrebbe richiesto un gran dispendio di uomini e di risorse. Occorreva trovare una soluzione tattica che non richiedesse troppo tempo e l'impiego di molti soldati.

Non si sa con certezza chi suggerì al condottiero la tattica da seguire per sconfiggere i nemici: secondo molti storici furono l'abate Frodoino, i monaci e forse anche il diacono Martino giunto da Ravenna, a consigliargli di attaccare gli avversari su due grandi direttrici; un attacco frontale diretto sulle Chiuse per impegnare il grosso del nemico e una manovra aggirante per prendere alle spalle l'esercito longobardo arroccato dietro le insuperabili fortificazioni del fondovalle.

La leggenda ha giocato un ruolo condizionante in questa

vicenda: la tradizione, riportata dalla Cronaca della Novalesa, racconta che un giullare longobardo si recò dal re franco intonando una canticula con la quale offriva la sua collaborazione:

> "*Qual premio si darà all'uomo*
> *che condurrà il re Carlo nel regno d'Italia*
> *per quelle strade in cui*
> *nessuna lancia si leverà contro di lui*
> *né gli scudi si opporranno*
> *né alcun danno verrà alle sue schiere?*"

Carlo accettò l'offerta del giullare corrispondendogli un adeguato compenso per l'aiuto nell'impresa.

Radunati tutti i suoi uomini, il re formò due distaccamenti: il primo avrebbe attaccato frontalmente le difese longobarde, il secondo, ben più consistente, le avrebbe aggirate, passando per un sentiero che saliva sulla cresta del versante orografico destro della valle. Con i consigli forniti dal giullare il secondo distaccamento abbandonò i sentieri conosciuti seguendo un percorso «lungo la cresta di un monte e questo cammino fino ad oggi si chiama via Francorum». Quindi «discesi dal monte, giunsero in un villaggio della pianura il cui nome era Giaveno, ed ivi radunatisi, schierarono l'esercito contro Desiderio». Le truppe, raggiunta l'area attorno all'odierna Villar Focchiardo, affrontarono la salita su uno dei sentieri che seguono il corso del torrente Gravio; giunti sulla cresta spartiacque tra la Valle di Susa e la Val Sangone, valicarono uno di questi facili colli e scesero nella pianura dove sorgeva il piccolo *Vicus Gavensis* (Giaveno), da cui si poteva raggiungere senza problemi Avigliana e la zona retrostante delle Chiuse longobarde.

Non si sa con certezza quale sia stato il valico scelto da Carlo Magno: probabilmente i franchi passarono per il Colle Bione, a monte di Sant'Antonino, o per il Passo di Pian dell'Orso, non lontano dal vallone del Gravio.

Meno probabile appare il passaggio attraverso il Colle del Vento, un valico impervio e di difficile accesso ad un esercito costituito da fanti e da parecchi cavalieri.

In ogni caso, riuscito l'aggiramento delle posizioni avversarie, i franchi attaccarono i longobardi alle spalle, mettendoli in fuga. Non si sa neppure se vi fu una vera battaglia: le cronache raccontano che Desiderio immaginava di avere davanti a sé gli avversari pronti allo scontro; quando si accorse che quelle che aveva di fronte non erano che scarse avanguardie, mentre l'avversario lo aveva aggirato alle spalle e stava per piombargli addosso con i suoi migliori fanti, saltò a cavallo e fuggì con buona parte dei suoi soldati a Pavia, dove organizzò la resistenza.

Secondo un'altra versione, vicina agli ambienti ecclesiastici ostili ai longobardi, la vittoria di Carlo Magno fu dovuta ad un miracolo: la spiegazione del miracolo potrebbe ritrovarsi nell'imminente arrivo della colonna franca calata lungo la Valle d'Aosta e nel previsto ricongiungimento con l'armata di Carlo, fatto che avrebbe sconvolto i piani difensivi dei longobardi, costringendoli ad un rapido ripiegamento su posizioni più sicure.[4]

I franchi, vinta la resistenza dei nemici, dilagarono per tutto il Piemonte, devastando castelli e villaggi.

I longobardi sconfitti si ritirarono a Pavia, chiudendosi al riparo delle mura fortificate. I franchi misero dunque l'assedio alla città, che cadde nell'estate del 774, sconfitta dalla fame e dalla terribile peste che vi era scoppiata.

L'epilogo della corta guerra franco-longobarda fu assai amaro: il cronista franco racconta che una volta catturato, Desiderio dovette rinunciare al trono e finì i suoi giorni rinchiuso nel monastero francese di Corbie.

---

4 Sull'impresa di Carlo Magno, sulle Chiuse longobarde e sul passaggio dei franchi in Valle di Susa: C. Bocca, M. Centini, *Il sentiero dei Franchi. Sulle tracce di Carlo Magno lungo la Valle di Susa*, Susalibri 1992 e C. Bocca, M. Centini, *I Longobardi in Valle di Susa. Indagine sulle Chiuse valsusine*, Susalibri 1997.

Secondo recenti ricerche Desiderio invece morì di peste a Pavia nel 774 e fu sepolto nel monastero di San Benedetto a Leno (Brescia).[5]

Carlo Magno venne incoronato re dei longobardi, mettendo fine all'indipendenza del più grande stato italico dell'alto Medioevo.

Che fine hanno fatto le Chiuse? Dopo la caduta dei longobardi non avevano più nessuna ragione di esistere; furono quindi abbandonate e presto distrutte dalle alluvioni della Dora. Diventarono una barriera doganale, dove venivano riscossi i dazi sulle merci in transito tra l'Italia e la Francia.

Come abbiamo detto la tradizione storica locale identifica i resti delle chiuse in una poderosa struttura muraria che fiancheggia il rio Pracchio, ma ad oggi l'attribuzione di questa muratura resta ancora fortemente dubbia e non ha mai trovato riscontri archeologici.

Di notevole interesse sono invece i ruderi di un edificio inglobato all'interno della cappella di San Giuseppe, sempre a Chiusa San Michele. Il recente restauro della chiesa ha costituito l'occasione per le indagini archeologiche, che hanno identificato all'interno del vano inferiore, nella porzione alla base delle pareti, alcune murature di origine molto antica, tanto da far pensare che l'edificio possa essere stato un tempo un piccolo fortilizio con quattro torri circolari. Lo scavo archeologico ha inoltre consentito l'individuazione di una muratura rettilinea con andamento nord-sud innestata sul fianco meridionale del monumento antico, identificabile verosimilmente con la porzione della cinta difensiva collegata alla fortificazione.

---

5 Secondo recenti articoli la tomba del re longobardo sarebbe stata identificata in uno scavo archeologico fra le rovine del monastero nella Villa Badia di Leno (Brescia), "addossata al muro all'interno della chiesa voluta da re Desiderio" F. Pacella, *Re Desiderio sepolto nel Bresciano: è a Leno l'ultimo sovrano longobardo*, Il Giorno, 21 maggio 2022.

Il Glorioso Rimpatrio dei valdesi

Proprio alla fine del Seicento si registrò ancora un importante transito militare del Moncenisio, questa volta compiuto dai valdesi che ritornavano dall'esilio di Ginevra. Quello che fu poi conosciuto con il nome di Glorioso Rimpatrio.

Dopo la revoca dell'editto di Nantes da parte di Luigi XIV (1685), anche nel Ducato di Savoia, strettamente legato alle sorti della Francia, era stato bandito il culto protestante. A malincuore, il duca Vittorio Amedeo II era stato costretto dagli alleati francesi a perseguitare con ogni mezzo i suoi sudditi di fede valdese che abitavano le valli del Pellice e del Pinerolese: di fronte alle ricorrenti pressioni internazionali, il duca dovette concedere ai superstiti di riparare in esilio. L'ospitale Ginevra, città di antiche tradizioni protestanti, accolse con favore tutti quelli che erano sopravvissuti alla persecuzione sabauda e alle durissime marce di trasferimento per superare le Alpi in pieno inverno.

L'esilio non durò a lungo: nell'agosto del 1689, la situazione internazionale volse in loro favore. Guglielmo III d'Orange diventato re d'Inghilterra, nel quadro della guerra contro la Francia, finanziò una spedizione militare in Piemonte stringendo un accordo segreto col duca Vittorio Amedeo per cessare le persecuzioni dei valdesi e per favorirne il rientro nelle loro terre.

Era finalmente ora di partire. Nella notte del 26 agosto 1689, meno di mille esuli valdesi e ugonotti, animati dal pastore Henri Arnaud, si incamminarono da Pragins sul lago di Ginevra verso la Savoia, con la speranza di tornare nelle proprie valli in Piemonte.

Senza incontrare nessuna resistenza da parte delle popolazioni locali percorsero le alti valli dell'Arve, dell'Arly, dell'Isère e dell'Arc, valicando, quasi sempre sotto la pioggia, talvolta sotto un persistente nevischio, i colli dei Seragons, delle Fenêtre, del Bonhomme e dell'Iseran.

I primi veri e gravi ostacoli si presentarono all'ottava giornata di marcia, il 2 settembre, nell'attraversamento del Moncenisio, che li avrebbe condotti in Piemonte e verso le loro valli.

«Quello che i valdesi soffrirono per attraversare il grande e il piccolo Moncenisio - scrisse più tardi nelle sue memorie il pastore Arnaud - supera ogni immaginazione».[1]

Questi stenti crebbero a dismisura quando, alle avversità del terreno e del clima, si aggiunse l'ostilità delle truppe che erano state inviate per fermare la loro marcia e ricacciarli al di là delle Alpi.

L'armata valdese sapeva benissimo che il tratto più rischioso sarebbe stato l'ultimo, quello da compiersi sul versante piemontese, dal Moncenisio a Pragelato: fin dal 18 agosto, alle prime notizie dei preparativi che i valdesi stavano facendo per il rientro nelle loro valli, il conte Francesco Losa, governatore di Susa, aveva ricevuto dalla corte di Torino l'ordine di presidiare tutti i valichi e di scoraggiare il passaggio di chiunque fosse sospetto di appartenere alla fede protestante. Può sembrare strano questo ordine, ma aveva una sua logica. Il duca, secondo gli accordi segreti con il re d'Inghilterra, non doveva ostacolare il rimpatrio dei valdesi. Ma, al tempo stesso, essendo ancora alleato di Luigi XIV, non poteva sottrarsi agli accordi che aveva stipulato col sovrano francese e, soprattutto, non poteva dimostrare di aver cambiato campo. Lo avrebbe fatto un anno dopo, nel 1690, quando avrebbe aderito alla Lega d'Augusta contro la Francia.

Il Losa, coadiuvato dal conte di Verrua giunto apposta da Torino con il rinforzo di un drappello di dragoni sabaudi, preparò nella Valle della Dora un'insuperabile linea di sbarramento che aveva il suo fulcro nel Colle del Moncenisio e nella Val Cenischia. La strada reale del Moncenisio e la valle erano vigilate dalle fedeli milizie di Novalesa. Ma, non conoscendo la precisa

1 A. Pascal, *Lo sbarramento militare in Val Susa e la vittoria di Salabertano*, "Bollettino Società Studi Valdesi", 72, 1939, pag. 35.

direzione di marcia delle truppe valdesi, il governatore Losa sistemò posti di guardia anche a Mompantero, ai piedi del Rocciamelone, a Gravere e a Giaglione sulla strada di Chiomonte e, infine, verso Meana e il Colle delle Finestre. Le informazioni raccolte dicevano che i valdesi sarebbero scesi dal Moncenisio, aggirata Susa verso Gravere, per poi proseguire sulla mulattiera che saliva al Colle delle Finestre. Da lì, una volta entrati nel Delfinato, avrebbero raggiunto la Val San Martino (Germanasca) e la Val Pellice.

All'alba del 2 settembre 1689 Arnaud e i suoi uomini giunsero a Lanslevillard, iniziando subito la salita per il Colle del Moncenisio. Il conte di Verrua e il Losa, avvisati da un montanaro che li aveva visti arrivare alla sommità del Moncenisio e radunarsi sulla mulattiera che scendeva verso il lago, disposero i loro soldati in Val Cenischia, tra Novalesa e Ferrera, a cavallo della strada reale.

Arnaud, valicato il passo, aveva riunito tutti i suoi uomini; poi però, invece di seguire la via ordinaria verso il lago, la Gran Croce e la Ferrera, messo in guardia dai suoi esploratori, aveva preferito piegare a destra e dirigersi verso il Colle Coulour (l'attuale Piccolo Moncenisio). Arrivata al valico, la colonna dei religionari superò senza grossi sforzi la debole resistenza dei soldati di guardia, che si ritirarono in buon ordine, ed imboccò la Val Savine, in direzione del colle che era conosciuto come Piccolo Moncenisio (attuale Savine-Coche, presso il Col Clapier), alla testata della Val Clarea. Una via antica, molto usata dai contrabbandieri o da coloro che volevano sottrarsi ai controlli che venivano effettuati sulla più comoda strada reale. Dal valico il sentiero, già sfruttato dai romani e anche dall'armata di Annibale (con tutta probabilità) consentiva di scendere direttamente su Giaglione, aggirando quindi la strada della Novalesa. Ancor meglio, permetteva di entrare direttamente nel Delfinato calando a Chiomonte, attraverso il vallone di Touille e la cresta dei Quattro Denti.

Arnaud trovò il colle deserto, privo di sorveglianza, tanto sabauda che francese. Per confondere le idee al nemico e ingannarlo sulle sue vere intenzioni, inviò un distaccamento verso Molaretto e Bar. Dopo aver accennato a scendere verso Novalesa, questo gruppo di combattenti valdesi deviò improvvisamente, ritornando sui suoi passi in direzione della montagna di Giaglione. Il conte di Verrua e il Losa, disorientati dalla manovra degli avversari, ritornarono verso Giaglione: in attesa di sorprendere la colonna nemica, rinforzarono tutte le loro posizioni al fondo della Val Clarea e al ponte di Chiomonte, dove correva il confine tra Piemonte e Delfinato. L'area sembrava l'obiettivo più probabile dei valdesi. Un colpo di mano in questa zona avrebbe permesso ai religionari di proseguire senza grossi sforzi verso Gravere e i boschi del Gelassa.

In realtà il Losa sperava che i valdesi lasciassero al più presto il territorio del ducato, fatto che avrebbe certamente creato meno problemi. In tal caso il compito di fermarli sarebbe spettato al governatore di Exilles e al marchese De Larrey, che si stava avvicinando ad Oulx con un buon numero di truppe d'ordinanza. Ma verso sera il Losa venne avvisato che Arnaud, al sopraggiungere della notte, aveva fatto accampare i suoi uomini a Ciereina, sul pianoro che domina la Val Clarea sopra Giaglione. Il governatore si recò personalmente ad ispezionare i luoghi e, vista la possibilità di attaccare con successo i nemici, ritornò immediatamente a Susa, dove raccolse tutte le truppe disponibili, compresi i pochi uomini del presidio del Forte di Santa Maria.

Il 3 settembre, un'ora prima dell'alba, i dragoni del Conte di Verrua e le altre truppe ducali mossero da più parti contemporaneamente contro le schiere valdesi, cercando di spingerle verso il territorio del Delfinato. Arnaud, calando attraverso il vallone della Clarea, tentò di aprirsi il passo verso Chiomonte, ma trovò la zona fortemente presidiata. Il capitano Pellenc, mandato con una scorta al campo nemico per parlamentare e chiedere il libero passaggio, fu imprigionato dai sabaudi che, per tutta risposta, ripresero a disturbare con i massi fatti rotolare dall'alto la colonna valdese. Essa fu dunque costretta a retrocedere e risalire il

La marcia dei valdesi in Valle di Susa: la battaglia al Ponte di Salbertrand.

vallone laterale del Rio Tornori fino alle grange Touille, al di là della cresta dei Quattro Denti; nella confusione dello scontro e della fuga, molti uomini si dispersero nei boschi o caddero nelle mani dei nemici.[2]

Nel frattempo anche il presidio di Exilles era stato allarmato, così quando i valdesi si affacciarono sulla cresta dei Quattro Denti videro salire un gruppo di armati. Il governatore del forte Daiguines mandò a chieder loro quali intenzioni avessero. E avuta l'assicurazione che chiedevano solo di transitare senza ingaggiare scontri, li lasciò scendere in direzione di San Colombano. Il governatore di Exilles aveva poche forze, non voleva rischiare di impegnarsi in una battaglia dalla quale sarebbe uscito malconcio. Tuttavia rimase indietro a vigilare il movimento degli avversari.

2 M. Minola, *Assedi e battaglie in Valle di Susa e Val Sangone*, Susalibri 1998.

I valdesi riuscirono ad attraversare senza incidenti gli impluvi del Rio Galambra e a raggiungere, verso le 22, il piccolo borgo di Eclause. Fu qui che un contadino, a cui si erano rivolti per sapere se più in basso avrebbero potuto trovare dei viveri, rispose loro: «Andate, andate! Vi si prepara una buona cena!». Il senso ironico della frase non sfuggì ad Arnaud: sapeva che a Salbertrand le truppe francesi del Larrey li stavano aspettando per impedire loro di attraversare la Dora al ponte di Chenebière.

L'attacco notturno al caposaldo nemico, condotto con vigore da Arnaud e dai suoi uomini, ebbe successo e la vittoria per i valdesi fu completa: «Un pugno di uomini aveva battuto 2500 nemici - scrisse Arnaud - la cosa pare così poco verosimile che per credere ad essa bisogna averla vista; o piuttosto supporre che Dio non solo combattesse con i valdesi ma avesse accecato i francesi».[3]

Dopo la vittoria gli esuli abbandonarono il campo di battaglia e si inerpicarono con il favore della luna su un difficile sentiero roccioso che saliva fra i fitti boschi, raggiungendo il Colle di Costapiana e la Val Chisone.

3 A. Pascal, *Op. cit.*, pag. 38.

La guerra delle Alpi 1793-1794

Il Moncenisio iniziò ad assumere un grande valore strategico militare a partire dal XVII secolo: le continue guerre tra il Ducato di Savoia e la Francia avevano fatto riscoprire l'importanza di questo grande passaggio attraverso le Alpi, non soltanto per la possibilità che esso garantiva di unire i possedimenti sabaudi al di qua e al di là della catena alpina, ma anche per la sua valenza di grande bastione naturale, in grado di fermare le truppe dell'avversario. Infatti, come si cominciò ben presto a verificare all'inizio del Seicento, durante le guerre con la Francia la Savoia risultava di fatto indifendibile: la sua posizione geografica e la natura stessa del territorio, in cui convergono diversi bacini idrografici che fanno capo al corso del Rodano, la rendevano sostanzialmente aperta e facilmente percorribile dagli eserciti in avanzata verso oriente. Certo, alcune fortificazioni sabaude, poste in aree strategicamente rilevanti, come per esempio la grande e possente fortezza di Montmélian, alla confluenza tra l'Arc e l'Isére, erano in grado di sopportare l'urto nemico proveniente dal Rodano o dal Gresivaudan e di resistere anche per lungo tempo, come la stessa Montmélian dimostrò, a sanguinosi assedi. Tuttavia la resistenza di questa fortezza, al pari di altre nella zona, non era sufficiente a fermare del tutto, o a scoraggiare, l'eventualità che si verificasse, l'avanzata degli avversari alla base della catena alpina. Se fino al XVI secolo i piccoli eserciti non ardivano andare oltre i baluardi assediati, almeno fin che questi non fossero definitivamente caduti nelle proprie mani, negli anni successivi, specialmente tra la fine del XVII e l'inizio del XVIII secolo, la maggiore consistenza delle armate consentiva di tralasciare gli ostacoli iniziali e di marciare con relativa sicurezza fino all'obiettivo prefissato.

Ecco dunque che il Moncenisio, passaggio piuttosto facile, ma costretto lungo una direttrice obbligata, poteva diventare un ottimo baluardo di difesa per impedire all'avversario l'attraversamento delle Alpi, quando anche, e accadeva sempre più spesso, l'intera Savoia veniva occupata. Sbarrando il Moncenisio si toglieva anche la possibilità di trasportare al di qua delle Alpi le pesanti artiglierie necessarie per assediare le fortezze: proprio per questo motivo i sovrani sabaudi si opposero sempre alla realizzazione di una strada carrozzabile che valicasse l'importante colle. Nel XVIII secolo questo era tecnicamente possibile, come aveva dimostrato l'apertura, attorno al 1780-85, del nuovo percorso rotabile del Colle di Tenda, allora considerato strategicamente meno importante.

Una rotabile avrebbe di gran lunga agevolato il trasporto dei cannoni, operazione che invece richiedeva notevoli sforzi seguendo la strada reale che saliva al colle. Strada che, elevata al rango di una buona mulattiera percorribile con i carri smontati e caricati a dorso di mulo, era anche facilmente sbarrabile con una serie di piccoli accorgimenti.

Le prime fortificazioni campali nel territorio del Moncenisio sorsero attorno al 1628-29, in occasione della Guerra del Monferrato. Il duca di Savoia Carlo Emanuele aveva affidato al figlio, il principe Tommaso, il compito di provvedere a fortificare e a controllare il passaggio sul valico: il principe si era avvalso della consulenza di due architetti militari luganesi inviati dall'ingegnere ducale Carlo di Castellamonte, un certo Zamon e Tomaso Stasio; del primo non ne sappiamo molto, del secondo conosciamo altre due sue realizzazioni fortificate elevate nell'alta Valle del Sangone, il Forte di San Moritio al Colle La Roussa e il Forte di San Carlo di Coazze. Delle loro opere realizzate al Moncenisio non si conosce praticamente nulla, ma è lecito supporre che abbiano elevato alcune ridotte sul valico e presso la Gran Croce, a monte del difficile passaggio della Scala.[1]

---

1 M. Minola, *Le fortificazioni della Val Sangone. Il Forte di S. Moritio al Colle della Rossa, il trinceramento al Colle del Besso*, "Segusium", 39, 2000.

Nel 1709, nel corso della Guerra di Successione spagnola, si decise di chiudere con le fortificazioni campali la gola del primo tratto della Val Cenischia tra la Finestra d'Arpone e l'altura del Paradiso, in modo da controllare e dominare dall'alto il Piano di San Nicolao e il tracciato della strada reale. L'incarico fu affidato all'ingegnere militare Antonio Bertola: egli realizzò una prima linea difensiva sulle alture rocciose che dominano la pianura di San Nicolao, formata da tre ridotte, la ridotta Forte di San Nicolao, La Ridotta Inferiore di San George e la Ridotta Superiore di San George. Alle spalle della prima linea si dispiegava il trinceramento della Barriera, opera che intersecava il percorso della strada reale interrompendola. La seconda linea si trovava invece sugli scoscesi dirupi dell'Arpone: vi erano in questo punto i trinceramenti delle Combasse, dotati, nella parte superiore, di una ridotta che ne batteva l'intera estensione. Nella parte inferiore invece il trinceramento si sdoppiava nelle opere di Peccarel, formando una robusta ridotta che comandava la strada reale. Un altro posto di guardia era stabilito al Ponte Nuovo della strada reale, anche sorvegliato, dalla parte opposta, dal trinceramento con corpo di guardia della Bottigliera o Paradiso. Da questa posizione si batteva anche il percorso che dal roccione del Paradiso scendeva al borgo di Ferrera.

Di tutto questo sistema difensivo è rimasta solo parte del trinceramento delle Combasse. I resti dell'opera si sviluppano per circa 300 metri risalendo verso la Finestra dell'Arpone. Il trinceramento in pietre a secco ha uno spessore che varia tra il metro e il metro e quaranta con un'altezza media di circa 0,70 metri. Nel tratto superiore dell'opera si ritrova una parte di muro munita di banchina in pietra per fucilieri. Presso il Lago di San Giorgio si può vedere ancora un trinceramento lungo alcune decine di metri, alto circa 1,70 metri.

Il Moncenisio fu protagonista di un episodio della Guerra di Successione spagnola. Nel settembre del 1711 le armate francesi del duca di Berwich tentarono di riprendersi la fortezza di Exilles che era stata conquistata tre anni prima dal duca Vittorio Amedeo II. Per l'operazione i francesi entrarono in Piemonte con due colonne: la prima, guidata dal marchese di Asfeld, scese nella valle di Pragelato, la seconda, affidata al marchese di Broglio, passò dal valico che al tempo era chiamato Piccolo Moncenisio. Da Bramans percorse la Val Savine fino al Colle Savine-Coche (Col Clapier), poi calò sulla cresta dei Quattro Denti di Chiomonte, seguendo di massima l'antico itinerario romano, forse già percorso da Annibale. Il 14 settembre, avvistati i francesi al Colle Clapier, il comandante sabaudo Della Rocca rinforzò l'importante ridotta di Cima del Vallone con due battaglioni tratti dal reggimento Principe Ludovico e dal reggimento Monferrato.

Prima che i rinforzi giungessero alla posizione, i francesi assaltarono i trinceramenti con cinquecento uomini, partendo dal Colle del Clopaca. In questo primo assalto riuscirono ad impadronirsi delle opere avanzate. Proprio in quel momento arrivarono le prime avanguardie del battaglione Monferrato, che si portarono sul fianco destro degli avversari e gli piombarono addosso con forza, stroncando sul nascere l'offensiva contro la ridotta piemontese. L'azione, ben condotta dai colonnelli Rodolphiny e Brancicarde, fu seguita dalla pronta reazione del generale Canis, comandante della Ridotta di Cima del Vallone, che fece uscire i suoi soldati dai trinceramenti scagliandoli all'inseguimento del nemico. I francesi ebbero sessanta morti, compresi i tre ufficiali che avevano guidato le truppe all'assalto.

Il generale Della Rocca venne a sapere che i battaglioni austriaci alleati condotti dal generale Johann Matthias Schulenburg avevano attaccato i nemici a Lanslebourg e stavano salendo a grandi passi al Moncenisio, per prendere alle spalle gli invasori: «Trovai una lettera del Cavaliere Chamosset che mi faceva sapere che il Generale Schulenburg era sulle alture di Lanslebourg e che egli aveva appreso da un miliziano inviato dalla parte del Piccolo Moncenisio (Col Clapier) che le truppe nemiche che si trovavano là si ritiravano ... scrissi al Generale Schulenburg che doveva

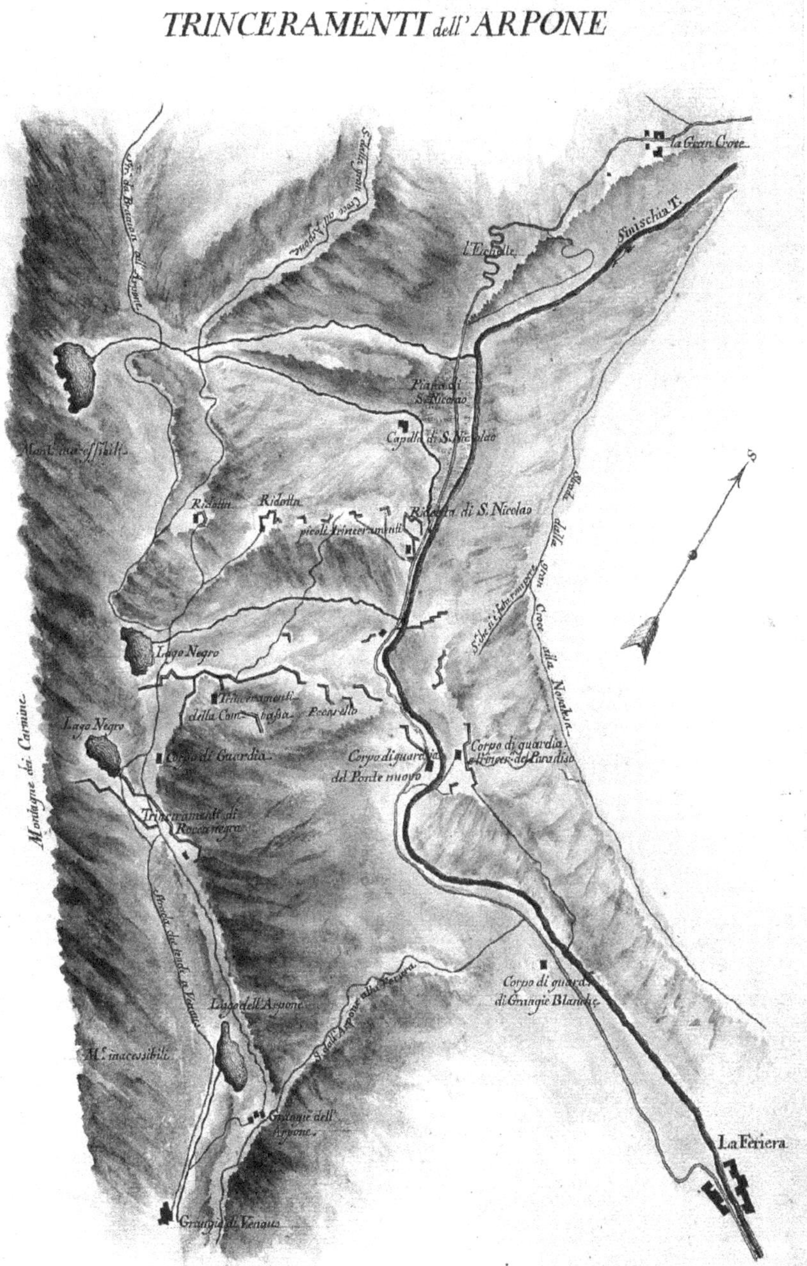

I trinceramenti dell'Arpone, 1709-1743 *(Archivio di Stato di Torino, Storie della Real Casa).*

favorire la mia impresa facendo avanzare un distaccamento delle sue truppe dal Piccolo Moncenisio per prendere i nemici per davanti e per didietro e marciai io stesso con tutti i granatieri e tutti i valdesi ma quando fui presso la Cappella Bianca scoprii che i nemici si erano tutti ritirati e feci riprendere le postazioni e obbligai i nemici che erano a Chiomonte a disfare il ponte che avevano già costruito e a ritirarsi».[2]

Nel 1743 le opere difensive dell'Arpone furono testimoni di uno dei primi fatti d'arme della Guerra di Successione austriaca scoppiata tra l'Austria e il Regno di Sardegna da una parte e la Francia e la Spagna dall'altra.

Il 15 agosto una colonna spagnola formata da micheletti, i soldati di montagna dell'esercito spagnolo, e da granatieri, circa 500 uomini, superò le avanguardie dell'Ospizio, marciando verso la Gran Croce e le difese piemontesi.

Gli spagnoli, alleati dei francesi, avevano occupato la Savoia nell'autunno del 1742, nonostante il Regno sardo non fosse ancora entrato in guerra, a fianco dell'Austria, contro la Francia. L'imprevista invasione aveva subito suscitato una forte reazione sabauda, con la riconquista del territorio savoiardo; tuttavia l'enorme disparità di forze in campo, l'entità delle diserzioni e la carenza di rifornimenti, avevano convinto il governo di Carlo Emanuele III ad ordinare un ripiegamento al di qua della cresta alpina, lasciando la Savoia indifesa. Il 10 gennaio 1743 la retroguardia delle truppe sabaude lasciava Lanslebourg e passava il Moncenisio, attestandosi sulle difese dell'Arpone e sul Forte della Brunetta.

Il 15 agosto dello stesso anno gli spagnoli tentavano un'offensiva per saggiare le difese avversarie: le avanguardie sabaude, avvistato il nemico in avanzata poco dopo le tre di notte, raggiunsero di corsa la Gran Croce, dando l'allarme agli uomini della milizia

---

2 M. Minola, *Trecento anni fa la battaglia di Cima del Vallone (1711). Anteprima della celebre Assietta*, "Segusium", 49, 2012.

valdese ancora negli alloggiamenti. Constatata subito l'impossibilità di poter reagire a un tal numero di armati, i valdesi ripiegarono al campo dell'Arpone, dove poco prima, una staffetta aveva dato l'allarme al comandante, il luogotenente colonnello Andrea de Salis di Soldo del reggimento Reit, responsabile della difesa del Moncenisio. Purtroppo non si riuscì a sfruttare il sistema di segnalazione ottico che collegava con l'ausilio di fanali ad olio la Gran Croce con l'Arpone, perché l'umidità della notte aveva reso assai difficoltosa l'accensione dello stoppino del fanale della Gran Croce.

All'alba tutto il distaccamento sabaudo, forte di circa 350 uomini provenienti dal 2° battaglione del reggimento La Marina, dal 2° di Reit e dal 2° di Rebhinder, fu presto distribuito nei trinceramenti. Le truppe spagnole, dopo aver occupato la Gran Croce, si portarono sulle alture circostanti. Sul versante sinistro, raggiunto il roccione del Paradiso, si spinsero quindi verso il basso, aprendo il fuoco sulle ridotte della Bottigliera e di San Nicolao.

Quest'ultima ultima posizione fu anche assaltata di fronte dalle truppe calate direttamente dalla Gran Croce, lungo il percorso della strada reale. Sul versante destro gli spagnoli si spinsero sino ad un centinaio di passi dalla Ridotta Superiore di San George; ma qui, saggiata la solidità della difesa sabauda, dopo aver tirato qualche colpo di fucile ripiegarono verso la Gran Croce.

Nel frattempo, per allentare la pressione nemica sulle difese, dalla ridotta del Peccarel si iniziò a tirare quattro o cinque colpi di spingarda sulle rocce del Paradiso. Anche dal Forte di San Nicolao si tentò di aprire il fuoco con le artiglierie, ma qui, per l'impreparazione degli artiglieri sardi che «avevano iniziato a caricare una delle spingarde del forte con la palla al fondo e la polvere di sopra, senza avere più la possibilità di togliere la cartuccia», non si raggiunsero grossi risultati.

La violenta reazione dei difensori e l'arrivo dei rinforzi dalla Ferrera e dalla Novalesa convinsero le truppe spagnole a ripiegare risalendo il costone.

Alle 10 sulla zona calò un fitta nebbia che impedì di distinguere i contorni e di seguire i movimenti del nemico. Agevolati dal maltempo, dopo il fallimento del breve attacco, gli spagnoli ripiegarono per ricongiungersi alla fanteria e alla cavalleria che non si erano mosse dalla Gran Croce; quindi, incalzati dal movimento delle truppe sabaude che, visto il ripiegamento nemico, si erano date all'inseguimento degli avversari, si diressero verso l'Ospizio, per poi di nuovo calare nelle basi della Moriana.

Fu uno scontro lieve, che lasciò solo tre feriti al Forte di San Nicolao e uno ai trinceramenti delle Combasse. Più che altro si trattò di un attacco il cui scopo era quello di verificare la prontezza delle difese sabaude, anche in vista di un futuro tentativo verso la Val Cenischia e Susa. La vivace resistenza sarda convinse i franco-spagnoli a cambiare il fronte dell'offensiva contro il Piemonte, spostando l'attenzione sulle valli alpine meridionali, in particolare sulla Valle Stura, dove verrà sferrato l'attacco dell'estate 1744.[3]

Un'adeguata sistemazione difensiva degli sbocchi del Moncenisio fu attuata soltanto nel 1709 con l'inizio della realizzazione di quella che sarebbe diventata una delle più rilevanti opere fortificate delle Alpi, il Forte della Brunetta. Una fortezza voluta dal duca Vittorio Amedeo II per sistemare una volta per tutte la difesa della città di Susa verso la Val Cenischia.

Il cantiere andò avanti, con fasi alterne, per quasi ottant'anni: il progetto iniziale, preparato dall'ingegnere Antonio Bertola, continuò col figlio Ignazio Bertola e poi con gli architetti Bernardino Pinto di Barri e Benedetto Spirito Nicolis di Robilant.

La grande fortezza possedeva le caratteristiche dell'opera di sbarramento alpina: il tracciato, aderendo perfettamente alle asperità del sito, divideva l'insieme in parti distinte, poste a differente altezza l'una rispetto all'altra, in modo che il fuoco dei

3 *Relation de l'attaque que les Espagnol on fait au poste de l'Arpon*, Archivio Stato Torino, Corte, Materie Militari, Imprese, m. 15.

Il Forte della Brunetta in un disegno del XVIII secolo.

loro pezzi, oltre a battere i settori assegnati, garantiva il fiancheggiamento reciproco, senza che la caduta di una di esse compromettesse la caduta delle vicine.[4]

4 Sul Forte della Brunetta: D. Gariglio, *Le sentinelle di pietra*, L'Arciere, 1997, P. G. Corino, *Il Forte della Brunetta*, 1999 e M. e V. Tonini, *Il forte dai cento cannoni. La Brunetta di Susa nel 1700*, Il Capitello, 2004 .

La Brunetta, nella sua breve esistenza, costituì uno dei migliori biglietti da visita dei Re di Sardegna, diventando oggetto di ammirazione da parte di illustri viaggiatori provenienti da paesi amici, fra cui l'imperatore Giuseppe II d'Austria. Una fortezza così grande, così imponente non subì neppure un assedio, tanto da meritarsi la curiosa denominazione di La Vergine. Tuttavia la sua incombente presenza, nella primavera del 1794, frenò il tentativo dei francesi di calare nella Val Cenischia dopo aver occupato l'altopiano del Moncenisio.

La grandiosa fortezza venne completamente demolita nel 1796-98 su disposizioni del Trattato di Pace imposto al Piemonte sconfitto da Napoleone nella Prima Campagna d'Italia. Nel periodo della Restaurazione, a differenza di quanto accadde con il Forte di Exilles, l'opera non venne più ricostruita, in quanto l'apertura della carrozzabile napoleonica del Moncenisio ne compromise la validità della funzione di sbarramento: al suo posto fu realizzato il grande complesso dell'Esseillon nella Valle dell'Arc, a pochi chilometri da Modane.

Ma lasciamo la Brunetta e torniamo a vedere che cosa accadeva a fine Settecento sul Moncenisio. Nell'aprile e maggio del 1794 l'altopiano fu nuovamente testimone di violenti scontri tra le forze repubblicane francesi e le truppe piemontesi. Gli episodi sono legati alle vicende del conflitto scoppiato nel 1792 tra la Francia rivoluzionaria e il regno di Vittorio Amedeo III: i transalpini, dopo aver invaso la Savoia e il Nizzardo, erano stati temporaneamente fermati dalla tenace resistenza dei piemontesi e dei loro alleati austriaci.

Con la venuta dell'inverno 1793-94, i due avversari si erano attestati alla difesa dei colli alpini: le eccezionali nevicate di quell'annata avevano fin da subito bloccato qualsiasi iniziativa di carattere offensivo. Ai contendenti non restava che riordinare lo stato delle truppe e rinforzare le numerose opere di difesa su tutta l'estesa frontiera. Le tre divisioni dell'Armata francese delle Alpi si stabilirono nei quartieri d'inverno: tre corpi da

5000 uomini ciascuno occuparono rispettivamente l'alta valle della Durance, la Maurienne e la Tarentasia e il Chablais e il Faucigny. Alla fine del dicembre 1793 l'armata aveva un effettivo di 47.000 uomini, di cui la maggior parte male armati, non istruiti, né equipaggiati. A cercare di sollevare le sorti di questa grande armata il Comitato di Salute Pubblica aveva chiamato il generale francese Thomas-Alexandre Dumas, che giunse a Grenoble il 21 febbraio 1794. Il nuovo comandante aveva avuto l'ordine di intraprendere una nuova offensiva per impadronirsi ad ogni costo del Moncenisio e del Piccolo San Bernardo, attaccando con tutte le forze che aveva a disposizione. Dumas, che poteva contare su poco più di 4000 combattenti, incaricò dell'azione i suoi generali Henri Sarret e Nicolas-Denis Badelaune[5], rispettivamente al Moncenisio e al valico della Valle d'Aosta, lasciando ad essi ampia libertà di scelta e di movimento.

Al Moncenisio le fortificazioni erette dai piemontesi su progetto di un certo Boschis, notaio in Susa, si estendevano su tutto il margine occidentale del valico, a cavallo della strada reale che scendeva verso Lanslebourg. La linea fortificata si appoggiava a destra alla Cima della Nunda e proseguiva verso le grange Arcellins e il Plan della Tomba, fino alla Ramasse, dove incrociava la strada reale. A sinistra si spingeva invece verso le grange Rivet e le falde della Petite Turra.

Lungo il tracciato erano state costruite diverse ridotte cinte da trinceramenti in muro a secco o in terra ed alcune batterie, armate con cannoni ed obici di vario calibro, che incrociavano il loro fuoco in diverse direzioni, ostacolando il transito su tutte le mulattiere che salivano al colle. Particolarmente importanti erano le due batterie del Plan de la Tomba, i cui nove pezzi da quattro, otto e sedici libbre facevano fuoco sui sentieri

5 Nicolas-Denis Badelaune o Bagdelonne (1756-1795) iniziò la carriera come mozzo sulle navi francesi per diventare tenente di vascello nel 1781. Nel 1792 fu promosso colonnello nell'Armata delle Alpi, dove fece rapida carriera, diventando ben presto generale di brigata, poi di divisione nel 1794. Morì a Ginevra il 15 giugno 1795.

provenienti da Lanslevillard e sulle Grange della Ramasse, dove una casa era stata trasformata in un corpo di guardia a controllo della strada. Dall'altro lato, la batteria dei Rivet e la batteria del Roc, armate con sei pezzi di calibro minore, oltre a battere la strada reale, chiudevano il passaggio sui sentieri che salivano da Termignon, attraverso la folta foresta di larici che copre il versante settentrionale della Petite Turra. Una lunga palizzata alta fino a tre metri, preceduta da ampi fossi, collegava tutte le opere tra di loro, sbarrando la strada principale.

Anche sul lato rivolto al Piccolo Moncenisio erano state costruite altre opere difensive: un trinceramento sul valico, una ridotta presso il Colle di Sollières e un'altra batteria con pezzi da quattro ed otto libbre al Colle d'Archettes, a nord ovest di quest'ultimo.

Per presidiare la linea fortificata e vigilare su un'offensiva nemica, ritenuta peraltro poco probabile, data la stagione, i sabaudi disponevano di circa 1500 uomini tratti dai reggimenti Moriana, Regina e Chablais.

Il ventiseienne Henri Sarret[6], ambizioso ed intraprendente, si mise subito all'opera per attaccare il Moncenisio ed impadronirsene, prima che il suo collega Badelaune cacciasse i piemontesi dal Piccolo San Bernardo. Appena giunto in Moriana si recò in esplorazione di tutte le vie che salivano all'altopiano, ma la neve altissima e i rigori dell'inclemente stagione invernale lo sconsigliarono ad intraprendere ogni tentativo. Il primo aprile il tempo subì un brusco peggioramento e la neve, gelando, divenne più dura. Il giovane ufficiale, stanco di pazientare, decise di tentare l'impresa per la notte fra il 5 e 6 aprile: la neve era ancora alta, ma le informazioni che gli esploratori avevano raccolto davano

6 Henry-Amable-Alexandre de Sarret nacque a Milhau (Aveyron) il 6 settembre 1767. Si arruolò a 17 anni nel reggimento vallone Brabante. Capitano nel battaglione Hautes-Alpes diventò aiutante di campo del generale Kellermann il 27 maggio 1793. Il 26 ottobre dello stesso anno, per il valore dimostrato nelle azioni nel Faucigny, fu promosso generale di brigata.

per allentata la sorveglianza ai trinceramenti situati tra i Colli di Sollières e di Bellecombe, a nord est del Piccolo Moncenisio; in particolare si credeva disarmata ed abbandonata la batteria del Col d'Archettes, un'opera che poteva impedire, con il suo fuoco, la salita dal campo francese di Saint-Pierre d'Extravache, sulle alture di Bramans. L'occasione, assai propizia, non andava assolutamente sprecata: da quando era arrivato in Moriana, l'impulsivo Sarret non aveva fatto altro che pensare all'ambizioso progetto. Esso prevedeva di assaltare il valico con due colonne: la prima, formata da 1600 uomini al comando del generale Gouvion, avrebbe puntato direttamente sul colle e sull'Ospizio; l'altra, più consistente, con oltre duemila fanti sotto la sua direzione, avrebbe attaccato i valichi di Archettes e di Sollières, aggirando i trinceramenti del Piccolo Moncenisio. Dalle grange Mistralet sarebbe poi discesa per la Valle Savalin fino al lago e alla Gran Croce, ricongiungendosi con le truppe del Gouvion.

Tutti i soldati vennero dotati di indumenti molto pesanti, di doppie razioni di viveri e di vino, ma soprattutto di utilissimi ramponi per affrontare una lunga e difficile marcia sulla neve.

La sera del 5 aprile il Sarret riunì tutte le truppe a Bramans (2180 uomini) e diede l'ordine di partire. Iniziata la salita alle nove e mezza di sera, dalla borgata Villette la formazione passò sulla riva destra del torrente ed affrontò il ripido pendio sulla falda nord ovest del vallone che scende dal Col d'Archettes. La neve, molto alta, rallentò enormemente il ritmo della salita, tanto che solo all'alba i francesi giunsero in vista dei trinceramenti avversari.

A dispetto delle ricognizioni, le opere erano ancora presidiate. Una compagnia del reggimento Moriana vigilava sulle provenienze dal versante francese. Fortuna volle che un sergente di essa, un certo Rochet, col nome di battaglia Bellhumeur, appassionato cacciatore, si fosse appostato proprio quella mattina presso alcune grange, alla ricerca di camosci: vedendo il nemico avanzare, corse a perdifiato ai trinceramenti e diede l'allarme,

Carta della zona del Moncenisio nel 1794. Si riconoscono le posizioni difensive sabaude e francesi.

v. Bessans
v. Bessans
Glacier de Charbonet
Pointe de Solliette
Arselle Neuve
Glacier du Roc des Pigues
T. de Ribon
les Arsellins
L'Arselle
3375
Sal du Gd Mt Cenis
Col de la Tomba
la Tomba
3050
de la Nauda
2668
T. Roncias
Pas du Chapeau
Lac Clair
la Poste
Lac Lamet
Mt Lamet
3472
Lac
Hospice
TEAU DU MONT CENIS
la Cassa
T. des Corn
Barcou del Chamois
Baracon
Grand Croix
G. Tour
L. Brun
2085
P. delle Finestre
Corna Rossa
Ferrera
Malamot
Lac Nero
2913
Lac de Ferrera
Lac Bianco
Lac d'Arpon
Novalesa
Ca di Bard
Bard
T. de Bard
Glacier de Bard
3272
Chap. S. Antonio
Abbaye
G. Molla Verpello
Ca Ciusalet
Pta Mulatera ou Toassa Bianco
Arcangera
Costa del Crest
Col Clapier
Molaretto
Il Trucco
Butte de Parore
Pont de Selosa
Clarea T.
v. Giaglione et Chiomonte
v. Venaus et Suse
M. de Bosconero

vanificando la sorpresa francese. Appena giunti a portata delle armi, i soldati dello sfortunato Sarret furono travolti dall'inatteso fuoco dei soldati sabaudi: le truppe sbandarono, ammassandosi tutte in un'unica colonna, quindi, bersagliate dal tiro a mitraglia dei cannoni della batteria di Archettes, ripiegarono in gran confusione fino al letto del torrente, dove la neve le costrinse a fermarsi del tutto.

Il comandante francese, non pago di rinunciare all'operazione dopo tanta preparazione, raccolse con fatica i suoi uomini, e, guidandoli sulla cresta che dalle grange Feu sale al Mont Froid, cercò di aggirare dalla sinistra le fortificazioni piemontesi. La marcia si rivelò però troppo lunga, lasciando agli avversari tutto il tempo per rinforzare la posizione: ai primi segnali di allarme, cento granatieri del Moriana che stazionavano alle grange Mistralet, furono fatti salire sul Mont Froid e piazzati alla posizione del Belvedere (Mont Froid), che dominava lo sperone sul quale, in una sola lunghissima colonna, faticosamente avanzavano gli assalitori. Nondimeno il Sarret si lanciò ugualmente all'assalto: le scariche di fucileria dei difensori spezzarono subito l'ardore della carica, causando i primi arretramenti degli attaccanti. Sarret, vista l'esitazione dei suoi soldati, si portò alla testa della colonna e guidò una trentina di volontari all'attacco dei trinceramenti nemici; ma, giunto a meno di ottanta metri dai difensori, stramazzò a terra, colpito da una fucilata tirata dal sergente Gauthier dei granatieri sabaudi. Il ferimento del comandante, subito soccorso da un sergente e da un tamburino, spense sul nascere l'azione contro le postazioni avversarie.

Alle 10 di mattina, dopo oltre tredici ore di marcia e di combattimento, i francesi apparivano sfiniti: senza l'intervento dell'aiutante generale Camin, che aveva assunto il comando, sarebbero volti in disastrosa fuga di fronte ai pochi avversari[7].

---

7 C. Philippe, *Le général Badelaune e la défense des Alpes en 1793-1794*, J. Depollier, Annecy 1894, pag. 75 e seguenti.

Il Camin, con nobile esempio di coraggio e di energia, raccolse sulla cresta le truppe in fuga, le riordinò ed aprì il fuoco contro i nemici, rimanendo in posizione fino all'una del pomeriggio, quando decise di ripiegare verso il fondovalle. La sua azione bloccò i soldati sabaudi, impedendo loro di correre in soccorso delle ridotte del Gran Colle, che venivano attaccate in quelle stesse ore. Il valoroso Sarret, morto nella notte per le due gravi ferite riportate, fu sepolto in una ridotta presso Bramans (Redoute de Napoleon)[8]. Questa struttura fortificata fu però in seguito smantellata e il corpo venne traslato nella chiesa parrocchiale di Bramans. Sulla tomba originaria fu posta una targa che, col tempo, scomparve. Fu ritrovata da un contadino e, per opera degli ufficiali del 13° battaglione Chasseurs alpins, nel 1904 fu applicata ad un monumento eretto all'ingresso di Bramans.[9]

Della sepoltura nessuna traccia è stata trovata nella vecchia chiesa o nel cimitero.

Anche l'altra divisione che attaccò il valico principale non ebbe una sorte migliore. Mentre una colonna di 400 uomini, al comando del capitano Samson, sbucava dagli chalet del Mont Froid e veniva accolta dal tiro incrociato delle batterie del Roc e di Mollar Crochet, il Gouvion lanciava 200 soldati in un'azione dimostrativa direttamente sulle ridotte della Ramasse. Per sostenere questo attacco la riserva, che era rimasta sull'altopiano dei Moulins tra Lanslebourg e Laslevillard, distaccò 150 uomini che si lanciarono a passo di carica sul piano de La Tomba. La pronta e vivace reazione dei difensori, sostenuta dal fuoco dei pezzi di tutte le batterie, fermò quasi subito l'attacco nemico.

---

8 Nella ridotta costruita sull'altura 1369 m, un chilometro a ovest del villaggio di Bramans. L. Krebs, H. Moris, *Campagnes dans les Alpes pendant la Révolution*, II, Paris 1891, pag. 93 n. 1; C. Philippe, *Op. cit.*, pag. 76.

9 Ecco il testo della lapide: "Il generale Sarret, comandante dell'esercito della Repubblica in Maurienne, fu ucciso il 17 Germinal dell'anno II (6 aprile 1794), nell'attacco al Moncenisio. I suoi fratelli d'armi ammirano il suo valore, i suoi amici piangono le sue virtù, i posteri onoreranno la sua memoria».

Il grosso del distaccamento (900 uomini), agli ordini del maggiore Mayer, formava la terza colonna, all'estrema sinistra: essa ebbe il compito di portarsi al Colle del Tomba, con l'intento di aggirare la destra piemontese e di scendere sull'Ospizio. Le avanguardie guidate dal capitano Ratel avanzarono senza eccessive difficoltà e verso le 10 di mattina giunsero in prossimità del Toet superiore, da cui minacciarono due compagnie di granatieri dei reggimenti Chablais e Moriana accantonate tra l'Ospizio e la Posta, che si diedero alla fuga, temendo di essere sopraffatte dagli avversari; l'inseguimento venne però arrestato quasi subito da un pugno di valorosi, diretti dal sergente Invincibile, che si erano asserragliati in un trinceramento situato poco sotto la posizione dell'attuale forte Roncia, sulla sinistra del torrente omonimo.

Il Mayer, visto il successo conseguito dal Ratel, decise di proseguire per portargli rinforzo; l'azione avrebbe dato buoni frutti, ma non si sviluppò per la grave insubordinazione di numerosi soldati, che stesi nella neve fra le rocce, rifiutarono di lanciarsi anch'essi nel combattimento: « Sono rimasto sorpreso – scrisse poi il Ratel nella sua relazione – di vedere una parte dei soldati coricati nella neve, nascosti dietro le rocce. Mi sono rivoltato contro il loro comandante, credendo che fosse per colpa sua che gli uomini si comportavano così. Ma lui mi ha risposto che non poteva portare i suoi soldati sulle spalle, perché non volevano marciare ... Ho provato di tutto, le minacce, le preghiere e i colpi. Nulla li faceva muovere, dicevano che era meglio morire sotto i colpi, piuttosto che andare a farsi uccidere dal nemico; se ne fottevano (sic) di battersi per conquistare un paese così villano». Gli ufficiali stessi avevano disobbedito, proibendo ai pochi volenterosi di seguire le esortazioni del comandante.[10]

Il capitano Ratel, non vedendosi sostenuto né dal Mayer, né dalle altre colonne che sarebbero dovute arrivare dal Piccolo Moncenisio, si fermò di fronte alla postazione del Roncia,

10 L. Krebs, H. Moris, *Op. cit.*, II, pag. 94 n. 7.

esitando ad ordinare un ulteriore assalto. Nonostante i suoi uomini fossero in numero superiore rispetto ai difensori del trinceramento, decise di ritornare lentamente sui suoi passi, rintuzzando i contrattacchi dei piemontesi. Nel frattempo i difensori si erano riorganizzati e rispondevano furiosamente all'azione nemica. Ad un tratto si udirono diverse fucilate provenire dalla Cima Paré: un piccolo drappello di granatieri, guidato dal sergente Chevalier, stava attaccando dall'alto i soldati nemici che si erano appena riuniti sul Colle del Tomba. L'intervento fu sufficiente a far battere in ritirata i francesi, che lasciarono sul terreno nove morti, 33 feriti, cinque prigionieri e parecchi dispersi nella neve. I sardi ebbero invece 14 morti e 28 feriti, ma il Moncenisio era salvo.

L'altopiano del Moncenisio con l'antico Ospizio (da una stampa del XIX secolo).

Toccò al generale Dumas, accorso in tutta fretta in Moriana, rialzare con durezza le sorti repubblicane, ordinando la fucilazione degli ufficiali e dei reparti che, per viltà, si erano rifiutati di combattere conducendo all'insuccesso l'offensiva. Pagarono un prezzo anche gli abitanti di Lanslebourg e di Lanslevillard: accusati di aver favorito in qualche modo i piemontesi, vennero deportati in massa al forte Barraux e i loro villaggi furono dati alle fiamme.

Nonostante il fallimento dell'impresa, da Parigi si continuava ad ordinare di impadronirsi del valico con ogni mezzo. Dumas fissò il nuovo tentativo per la notte tra il 13 ed il 14 maggio. Questa volta l'azione sarebbe stata condotta dal generale in persona, con oltre cinquemila fanti particolarmente addestrati per la guerra in montagna.

Il suo piano prevedeva di agire vigorosamente sulle difese avversarie del Gran Colle, attirando l'attenzione del nemico con una manovra diversiva sul Piccolo Moncenisio.

La notte scelta per l'attacco era fredda e nebbiosa, solo alcuni giorni prima un'altra abbondante nevicata aveva nascosto sotto una spessa coltre di neve le fortificazioni, riempiendone i fossati. Nel campo sabaudo la sorveglianza si era un po' allentata, anche a causa dell'ordine, partito il giorno precedente, di ridurre la forza numerica del presidio, in vista di una possibile smobilitazione dell'altopiano. Credendo assai improbabile, dopo il fallimento di quello di aprile, la ripetizione di un altro attacco francese, solo pochi soldati montavano di guardia; il grosso della guarnigione era ben sistemato negli accantonamenti della Ramasse, al calore delle numerose stufe.

Il comandante, il capitano Magni, e quasi tutti gli ufficiali, passavano le loro serate organizzando feste per ingannare il tedio dei lunghi mesi invernali. Mentre i nemici avanzavano nella neve alta, al riparo della fitta foresta, alla Ramasse si rappresentava una commedia: al termine, tutti si erano ritirati tranquillamente nelle loro stanze, ignari di ciò che si stava preparando.

Svegliato a mezzanotte da un presentimento, il Magni fece rinforzare la ronda attorno alla palizzata: ma era già troppo tardi, le prime fucilate della colonna francese sbucata dal bosco dell'Arc ruppero il silenzio della notte.

L'attacco, condotto questa volta con perizia e determinazione, sorprese tutti i distaccamenti piemontesi: alla sinistra, i 1500 repubblicani del capitano Herbin, grazie all'oscurità e alla nebbia, sbucarono dalla foresta dell'Arc sul bordo delle rovine di La Madeleine e riuscirono ad impadronirsi, senza colpo ferire, della ridotta dei Rivet e della batteria del Roc: in un attimo i cannoni cambiarono fronte ed aprirono il fuoco sulle posizioni dei difensori; nel contempo, parte della colonna francese proseguiva la sua marcia lungo i fianchi della Petite Turra, cercando di aggirare i trinceramenti della ridotta di Mollar Crochet, per lanciarsi sul posto della Ramasse e sul Colle del Moncenisio.

Alla destra, le postazioni degli Arcellins e del Plan de La Tomba venivano assaltate da oltre tremila uomini al comando del generale Badelaune, il fortunato vincitore del Piccolo San Bernardo. Dopo una strenua difesa le ridotte piemontesi furono costrette a cedere per la mancanza delle munizioni.

Di fronte all'impeto straordinario degli avversari, il Magni riordinò le sue truppe, ripiegando ordinatamente verso la regione Coppa d'Oro, pressappoco dove ora si trova il Rifugio numero 15. Qui, secondo le istruzioni, avrebbe dovuto ricevere i rinforzi che aveva per due volte richiesto al marchese di San Giorgio, comandante della postazione della Gran Croce.

Mentre i soldati tiravano all'impazzata nella nebbia, abbandonando alla spicciolata tutte le opere, dei soccorsi non si vedeva alcuna traccia. E non vi era neppure più la possibilità di coprirsi i due fianchi: il distaccamento che stazionava sulla Petite Turra, composto da due compagnie di pionieri, temendo di essere tagliato dalle truppe dell'Herbin, che risalivano i versanti del Passo della Beccia, ripiegò verso il Piccolo Moncenisio. Ancora più a destra, i 60 granatieri sabaudi di stanza alla Cima della Nunda furono sorpresi e bloccati dagli esploratori del battaglione Paris, guidato dall'aiutante generale Camin.

All'alba la nebbia cominciò a diradarsi e i piemontesi scorsero, sui fianchi della Petite Turra, la colonna del capitano Herbin che, a mezza costa, marciava lungo il lago in direzione del Piccolo Moncenisio. Il rischio di venire aggirati era altissimo, pertanto i difensori ripiegarono verso il Pian del Mat, ma da quella parte altissimi clamori si udirono fra la nebbia; erano le truppe dell'aiutante generale Camin, che stavano scendendo verso il Toet, rispondendo alle grida dei loro compatrioti. La ritirata dei soldati sabaudi si arrestò solo alla Gran Croce, dove c'erano le truppe di riserva al sicuro, dietro il trinceramento. Lasciarono le loro posizioni anche i reparti piemontesi del Piccolo Moncenisio, che fino ad allora avevano retto con coraggio agli assalti degli avversari: minacciati alle spalle dalle truppe dell'Herbin che stavano scendendo dal Passo della Beccia ed attaccati di fronte dal primo battaglione Hautes-Alpes, a loro non restò che ripiegare combattendo verso la Val Savine, poi valicare il Colle Clapier per calare in Valle di Susa.

Il Magni e il marchese di San Giorgio si apprestarono ad un'ultima difesa del caposaldo della Gran Croce, che era stato armato con due cannoni da otto libbre. Ma quando il mattino seguente le truppe repubblicane mossero all'assalto del fortino, la resistenza dei soldati piemontesi non riuscì più a contenere la forza degli avversari; così, dopo un breve scontro, le truppe sabaude furono costrette a ripiegare su una linea più arretrata, cedendo ai francesi l'intero altopiano del Moncenisio.

In quella triste giornata le perdite piemontesi raggiunsero i 500 uomini tra morti, feriti e prigionieri, con la perdita di un'enorme quantità di armi e di munizioni; le perdite francesi furono di otto caduti e 33 feriti.

La rovinosa disfatta del Moncenisio ebbe un immenso contraccolpo nel regno: l'anziano generale barone Pio Chino, comandante della zona, chiese immediatamente di essere rilevato dal comando, ma il re oppose un netto rifiuto. Il Chino, duramente colpito dal rovescio, cadde gravemente ammalato e morì poco dopo. Il suo posto fu preso dal Barone de La Tour, che riordinò i reparti dispiegandoli su una nuova linea difensiva a cavallo del piccolo villaggio di Arcangel, sulle alture di Venaus, dove era stato sistemato il comando.

Il campo trincerato era formato da una linea di trinceramenti che seguiva la riva destra del torrente Clanero, affluente del rio Bard. La sinistra era sorvegliata da alcuni posti fortificati, il Toasso Bianco, il Crest e il Muret. Il primo, diretto da un capitano con una cinquantina di uomini, era costituito da una serie di trinceramenti e di ripari costruiti sulla cresta del Toasso Bianco e della Punta Mulatera che consentivano di controllare il passaggio verso il Col Clapier. La Ridotta del Crest, che sorgeva nel punto in cui inizia il sentiero per il Passo dell'Avanzà, e quella del Muret, questa con 40 uomini, difendevano i fianchi della prima posizione.

Il Baraccone dei granatieri aveva 4 pezzi e 50 uomini. La destra della linea si appoggiava invece al borgo di Mollarcernetto fino alle rocce che dominano l'antica abbazia della Novalesa, ed era coperta dai posti di Molaretto e della batteria del Roc di Venaus, che controllava il passaggio sul ponte dell'Esclosa della strada reale del Moncenisio.[11]

Sulla riva destra della Cenischia il posto delle grange Fay legava il campo dell'Arcangel all'altopiano di Cresta del Padre, compreso tra il torrente Merderello e Creseglione, con importanti ridotte fortificate alle grange Casiol, all'alpe Crest (2020 m), sulla punta e sulla cresta di Bosco Nero. Vi era poi il posto avanzato alle Grange di Santa Maria, tra il torrente Merderello e il rio Claret.

---

11 *Reconnaissances et observations militaires sur les valleés, Rapport dè Thaon de Revel au Duc d'Aoste*, in J. Thaon de Revel, *Mémoires sur la Guerre des Alpes, et des evenements en Piémont pendant la Révolution Françaises*, Turin 1871, pag. 242.

Ogni posto fortificato disponeva di viveri per quattro giorni e di una riserva di almeno quaranta cartucce per ogni soldato, oltre alle normali sessanta che conservava nella giberna. I collegamenti tra le varie postazioni erano attuati per mezzo di segnali di tamburo, fuoco e fumo, nonché di piccoli razzi da segnalazione. A tutti i comandanti era stata raccomandata la massima vigilanza, da ottenersi con il rinforzo dei turni di guardia delle sentinelle.

I francesi, ottenuto il controllo del valico e dell'ampio altopiano, stabilirono i propri campi trincerati per cercare di resistere alle eventuali controffensive piemontesi. I due contendenti si fronteggiarono per tutto l'anno, scontrandosi solo in occasione di qualche scaramuccia.

Nell'ottobre del 1795 i francesi tentarono di occupare con un colpo di mano la Val Cenischia, Novalesa e Venaus, in modo da garantirsi una posizione più favorevole per un eventuale assedio del Forte della Brunetta. L'azione fu preparata dal generale Pouget, comandante delle truppe repubblicane attestate sul valico del Moncenisio. Egli aveva a disposizione circa seimila fanti che divise in tre distinte colonne, di cui la prima, formata da duemila soldati al comando dello stesso generale Pouget, avrebbe attaccato frontalmente le posizioni avversarie calando lungo la riva destra della Cenischia e la strada reale del Moncenisio, in modo da raggiungere l'abitato di Novalesa. Per impedire che le truppe sabaude dell'Arcangel potessero disturbare i fianchi della manovra e la ritirata in caso di fallimento dell'impresa, le altre colonne furono inviate verso l'Arpone, di fronte al campo piemontese e contro, a sinistra, il posto di Crest del Padre.

L'azione si tradusse in realtà il 14 ottobre 1795: i francesi scesero indisturbati da Ferrera fino alle porte di Novalesa, senza incontrare nessuna difficoltà, nessuna pattuglia sorvegliava quel lato, lasciando scoperta una via comoda per la marcia del nemico.

Le prime fucilate sorpresero la ridotta avanzata di Santa Maria, occupata da un centinaio di soldati della milizia savoiarda al comando del tenente Duseuil, uomini valorosi, pervasi da un autentico amore di patria, che già avevano dato buone prove negli scontri dell'anno precedente. All'avvicinarsi degli avversari, invece di ritirarsi, i difensori si disposero dietro il parapetto preparandosi a trattenerli il più a lungo possibile. I francesi tempestarono di fucilate il piccolo fortino piemontese che rispose con tenacia, respingendo l'assalto.

Dopo gli infruttuosi tentativi, al calare della sera i francesi si ritirarono per riorganizzare le loro truppe. Nel frattempo giunse alla ridotta piemontese l'ordine di sgombrare subito l'opera e di ripiegare verso Venaus, dove il tenente colonnello Della Rocca stava predisponendo una nuova linea difensiva che contenesse l'avanzata nemica. Ma il Duseuil, spalleggiato dai suoi uomini, rifiutò di eseguire l'ordine, preferendo resistere ad oltranza: così passò la notte a sorvegliare i movimenti dei nemici e a far innescare le mine disseminate attorno alla ridotta.[12]

All'alba il generale Pouget mosse nuovamente all'attacco: le truppe francesi avanzarono con fermezza, ma, giunte in prossimità della zona minata, furono accolte dal fuoco di fucileria dei savoiardi, e qualche attimo dopo, in rapida successione, dalle sorde esplosioni delle mine, accompagnate da getti di terra e di sassi. Ci furono attimi di panico e di sbandamento, poi, anche questa volta i soldati francesi ripiegarono al di là della portata di tiro dei difensori. Ma fu solo una breve tregua: un ultimo, decisivo attacco condotto su tutti i lati stroncò l'ostinata resistenza dei difensori. Furono presi prigionieri diversi soldati, molti però riuscirono a guadagnare il bosco e a fuggire verso le linee piemontesi. Il Duseuil, catturato dai repubblicani, venne considerato alla stregua di un traditore e poche ore dopo finì di fronte al plotone di esecuzione.

Mentre i difensori di Santa Maria resistevano contro ogni previsione, i soldati delle altre postazioni non riuscivano a rispondere

---

12 J. Thaon di Revel, *Op. cit.*, pag. 262-263. Per le vicende della Guerra delle Alpi negli anni 1793-1795 si veda M. Minola, *Napoleone in Piemonte*, Il Punto, 2014.

con efficacia ai movimenti avversari: l'ufficiale che comandava la ridotta di Crest del Padre, invece di marciare con tutta la sua truppa verso Novalesa in soccorso dei disperati, mandò un semplice distaccamento con un sergente che non riuscì a combinare nulla. Un'altra pattuglia di 50 uomini al comando del tenente Carretto fu inviata da Venaus: non conoscendo bene la zona, entrò senza precauzioni nel paese di Novalesa, fu aggirata dai nemici e costretta alla resa.

Soltanto i consistenti rinforzi inviati dal Forte della Brunetta risolsero presto la situazione, convincendo i francesi a lasciare il fondo della Valle del Cenischia e a ritirarsi sull'altopiano del Moncenisio.

La sorpresa del Moncenisio (Aprile 1800)

Nel 1799, dopo le sconfitte della Trebbia e di Novi, le truppe francesi in Piemonte ripiegarono sulle Alpi, dove i comandanti arrestarono i loro soldati nella speranza di un ritorno di fortuna; ma era quello un esercito ormai sfasciato dalle battaglie perdute e dalla continuata ritirata; andava quindi spezzando i legami del suo organismo, spegnendo ogni sentimento del dovere.

Gli austro-russi, padroni della pianura, si erano avvicinati agli sbocchi delle vallate, penetrandovi in forze alla ricerca di buone posizioni difensive. Le truppe del generale Konrad Von Kaim, dopo aver occupato Torino e la sua Cittadella, si erano spinte nella Valle della Dora ed avevano ripreso la città di Susa.

Così appariva alla fine del Settecento il Moncenisio con il lago e l'Ospizio (incisione di A. Beaumont).

Il distaccamento che controllava la valle, al quale si era aggiunta qualche compagnia degli avanzi dello sfortunato esercito sardo, subiva però la continua minaccia degli attacchi avversari provenienti dal Moncenisio e dal Colle delle Finestre, che lo obbligavano a retrocedere continuamente verso Bussoleno ed Avigliana.

Per dare maggiore consistenza al reparto, formato in origine dalla sola cavalleria cosacca, furono inviati a Susa due squadroni usseri comandati dal maggiore Mesko, due battaglioni Arciduca Giuseppe e uno di fanti croati. Le compagnie piemontesi, che si erano aggregate agli alleati austro-russi, erano incaricate del delicato servizio degli avamposti.

Con una forza maggiore si poté così tentare qualche impresa contro i francesi: per prima cosa gli austro-russi cercarono di togliersi dal fianco gli avversari che stazionavano nell'antica ridotta del Colle delle Finestre. Saliti in gran segreto da Gravere al Pian Gelassa e da qui ai trinceramenti del Colle di Fatières, gli alleati piombarono sui francesi dall'alto, riuscendo a cacciarli dall'importante valico di comunicazione ed occupare la ridotta con un presidio di sessanta uomini.

Ma gli avversari, nel ritirarsi dal baraccone che dava riparo alla piccola guarnigione, avevano preparato un'insidia per i nuovi arrivati: un barile di polvere nera era stato interrato nel fondo del camino del baraccone ed accuratamente ricoperto di vecchia cenere, con l'intento di farne una potente mina. I soldati austriaci, entrati nella baracca, accesero il fuoco e prepararono il rancio, continuando a mantenerlo acceso fino al mattino. All'alba i francesi contrattaccarono in forze la ridotta, contando sull'esplosione della mina. I difensori ebbero appena il tempo di uscire dal riparo e di mettersi in posizione dietro i parapetti che il barile di polvere, raggiunto dalle braci incandescenti, esplose con enorme fragore, distruggendo l'edificio e una parte del trinceramento. Nell'esplosione persero la vita il vivandiere e la sua donna, un sergente e l'ufficiale che comandava il presidio.

Altopiano del Moncenisio in inverno: così doveva apparire durante gli scontri della primavera del 1800 tra austriaci e repubblicani.

I superstiti, allibiti e in preda al panico, abbandonarono la trincea e ripiegarono verso il Colletto.

Susa era diventata la base del distaccamento austro-sardo: i nuovi occupanti avevano rinforzato tutte le antiche fortificazioni che difendevano il territorio circostante, dalle alture della Brunetta, dove sorgevano ancora imponenti le rovine della grande fortezza demolita solo due anni prima, alle ridotte del Passo di Susa attorno a Gravere, spingendo gli avamposti fino al campo dell'Arcangel, per sorvegliare il Moncenisio, e a Chiomonte per controllare i francesi che erano rimasti nell'alta valle.

Tuttavia l'armata soffriva della mancanza delle artiglierie necessarie ad armare tutte le opere: dopo mille tentennamenti e promesse, da Torino non erano arrivati che due piccoli cannoni da quattro libbre, mentre le posizioni che erano state preparate, per consentire un'efficace difesa dello sbarramento, richiedevano parecchi cannoni di almeno sedici libbre di calibro.

Perdute le speranze di averne altri dalla Cittadella torinese, dove peraltro scarseggiavano, gli alleati meditarono di andarli a catturare al nemico, attaccandolo di sorpresa nelle posizioni del Moncenisio.

I francesi avevano infatti occupato, presso il Lago Brun che sorgeva accanto al villaggio della Gran Croce, alcuni vecchi trinceramenti, dove avevano sistemato una grande batteria armata con diciotto cannoni di grande calibro puntati sulla strada reale e sul Piano di San Nicolao, possibile provenienza delle offensive piemontesi.

La presenza della batteria e di altre postazioni fortificate sul Piano del Paradiso e sulle alture che dominano il Piano di San Nicolao aveva fin da subito scoraggiato qualsiasi tentativo di attacco frontale delle posizioni francesi; la precarietà delle forze austro-russe aveva di fatto sconsigliato un'azione che avrebbe avuto un costo elevatissimo in vite umane e, a meno di non usare forze decisamente superiori, scarse speranze di successo. Ma il Moncenisio si poteva attaccare anche passando da un'altra parte. L'idea di effettuare una diversione rispetto alla normale direttrice della Val Cenischia fu avanzata dal capitano sabaudo Telemaco Costa di Beauregard, fratello del più conosciuto Henry Costa de Beauregard, autore di *Un homme d'autrefois*. Egli propose di raggiungere l'altopiano del Moncenisio con una manovra aggirante, passando per il Colle Clapier e il Colle del Piccolo Moncenisio; una marcia rapida, segreta e risolutiva che avrebbe sorpreso il distaccamento dei difensori in un luogo e in un momento nel quale, data la stagione, nessuno avrebbe immaginato di veder arrivare dei nemici.

Il maggiore austriaco Albert Adam di Niepperg, aiutante di campo del generale Kaim, il più convinto della fondatezza della proposta dell'ufficiale piemontese, approvò subito il progetto, recandosi rapidamente a Susa per stabilire le modalità dell'azione.

L'impresa fu fissata per il 7 e l'8 di aprile del 1800: l'obiettivo principale era quello di sorprendere il presidio francese dell'altopiano e di impadronirsi delle opere nemiche e delle loro artiglierie; poi, se ci fosse stata la possibilità, gli attaccanti avrebbero operato un colpo di mano nella Valle dell'Arc, spingendosi almeno fino a Bramans.

Alle diciotto del 6 aprile il Niepperg e il Costa riunirono in piazza Savoia a Susa i 1200 uomini destinati alla manovra: le forze erano state divise in due colonne, la più grande destinata alla marcia di aggiramento, la seconda, di consistenza minore, incaricata di compiere un assalto dimostrativo lungo la direttrice della strada reale, da Ferrera al Piano di San Nicolao.

La prima colonna era formata quasi interamente da reggimenti austriaci al comando del maggiore Mesko; il capitano Costa ne dirigeva l'avanguardia, formata da 240 uomini tratti dalla milizia di Susa e dal reggimento austriaco Banato, a cui si erano aggregati, in qualità di guide, una quarantina di contadini di Giaglione che, durante l'estate, portavano le loro mandrie a pascolare nei pressi del Colle Clapier.

Ogni ufficiale ed ogni soldato aveva ricevuto all'adunata tre razioni di pane ed accessori indispensabili per affrontare una lunga marcia notturna sulla neve: ramponi da ghiaccio, calze di lana, guanti, cappuccio e una coperta per il bivacco. Le guide portavano inoltre con sé badili, piccozze, corde, lanterne e racchette da neve. Ad esse era infatti demandato il compito di aprire la strada al grosso della colonna, scavando, se necessario, appositi gradini sulla neve gelata.

La seconda colonna, agli ordini del maggiore Rosales, contava poco meno di 300 uomini; essa avrebbe percorso la strada di Venaus e Novalesa, da dove sarebbe salita per Ferrera al Piano di San Nicolao, attendendo lo svolgersi degli eventi e l'attacco dell'altra colonna. I soldati portavano al seguito 14 robuste slitte fabbricate dall'Arsenale di Torino, che sarebbero servite per trasportare le pesanti artiglierie catturate ai francesi.

Sull'altopiano il piccolo presidio francese trascorreva nella monotonia i lunghi giorni dell'inverno: la vita quotidiana, resa dura dall'inclemenza del clima rigido, era scandita dai continui turni di guardia alla batteria della Gran Croce; all'Ospizio, sede del comando, tre ufficiali e quaranta soldati si davano il cambio ai due pezzi da montagna messi in postazione di fronte alla porta.

Un terzo distaccamento, rinnovato continuamente, stazionava presso le antiche locande della Posta.

Il comandante della piazza, il maggiore Carl Joseph Caffre, aveva il morale sempre più a terra, specialmente per la miseria e l'abbandono in cui era stato lasciato fino ad allora.

In una lettera al ministro della Guerra si era infatti lamentato che i magazzini della guarnigione fossero sprovvisti di tutto, dal pane alla legna, dalla paglia all'acquavite, e che i suoi 150 soldati non ricevessero la paga da parecchi mesi: «Ho supplito a questa penuria con tutte le risorse che detta l'amore della patria, dei suoi doveri e del soldato - scriveva il comandante francese - ma tutti i mezzi diventano inutili di fronte a una truppa inabile, la maggior parte senza soldi da otto mesi... voi sapete meglio di me, Cittadino Ministro, che gli approvvigionamenti di un'armata o di una piazza sono il termometro del coraggio e del valore del soldato».[1] Ciò nonostante ancora nessun segnale era giunto dal comando dell'armata.

Alla sera del 6 aprile l'avanguardia austriaca, condotta dal capitano Costa, mosse da Susa alla volta di Giaglione; entrò in Val Clarea e la percorse interamente fino ai piedi delle grandi rampe di Savine, dove si arrestò per riposarsi. Verso mezzanotte fu raggiunta dal grosso della colonna. Alle tre di notte l'avanguardia riprese la marcia, imboccando la ripida mulattiera per il Colle Clapier, le cui rampe erano coperte di neve indurita che bisognava a tratti scavare a gradinata per poter salire. Il Costa, precedendo le guide e i montanari che battevano la pista palmo per palmo, raggiunse il colle dopo ben sette ore di cammino, impiegando quasi quattro ore in più di quanto occorresse normalmente nella bella stagione. Alle dieci del mattino del giorno 7, dopo aver distribuito in diversi punti le sentinelle di vedetta, si fermò in attesa del resto della colonna.

1 G. Zavattari, *Guerra in montagna. Sorpresa del Moncenisio nel 1800*, Rivista Militare Italiana, Roma 1884.

La lunga marcia notturna si rivelò estremamente faticosa per le truppe austriache, poco avvezze ai rigori della montagna: buona parte dei soldati, vinti dal freddo e dalla fatica, soffrirono le pene dell'inferno e fu necessaria tutta l'energia degli ufficiali per spingerli a proseguire. Il maggiore Mesko non cessò un istante dall'incoraggiare in sei o sette lingue diverse, quante ne occorrevano per farsi intendere da tutti i suoi uomini dalle varie nazionalità, stravolti dal gelo e dal mal di montagna. I soldati ridevano di questo continuo mutare di linguaggio, ma, astutamente, il maggiore li lasciava fare: «Ridete quanto volete - continuava a dire - ma andiamo avanti. Noi siamo sul cammino dell'onore, che è prezioso come quello del Paradiso e che esige le stesse difficoltà!».

E così, promettendo premi ai volenterosi e distribuendo energici calci ai recalcitranti, riuscì a condurre tutta la colonna al colle. L'enorme allungamento della fila e la rilevante forza del grosso, unite alla difficoltà dell'avanzare su un terreno così insidioso, fecero sì che la riunione al Clapier avvenisse solo alle 15. Il ritardo mise in apprensione il Costa che temeva, con l'aumento della temperatura, il distacco di qualche valanga; ma fortunatamente le masse nevose che incombevano minacciose sul sentiero non si mossero.

Nel primo pomeriggio l'avanguardia iniziò la discesa sul versante savoiardo, costeggiò il Lago Nero, l'attuale Lago Savine, e raggiunse le rovine della Ridotta degli Spagnoli, un'antica opera fortificata che distava circa mezz'ora dal Piccolo Moncenisio.[2]

Il grosso seguì il movimento della testa, ma si fermò alle Grange Savine. La notte calò rapidamente: le truppe, prive di ripari, soffrirono ancora di più il freddo pungente che si accompagnava al cielo stellato, privo di nuvole. Nessuno riuscì a riposare perché non vi erano ripari a sufficienza e quegli scarsi ricoveri ritrovati

2 I ruderi di questa antica ridotta sono ancora lievemente riconoscibili sul terreno, nel punto in cui il sentiero Piccolo Moncenisio-Grange Savine raggiunge il suo tratto più stretto. A fianco si scorgono tracce di trinceramenti.

nelle grange potevano ospitare solo alcune decine di uomini. Inoltre fu proibito di accendere il fuoco, che avrebbe rivelato la presenza al nemico.

Alle undici di sera la colonna si mise nuovamente in marcia, valicò il Piccolo Moncenisio senza incontrare nessuno e si diresse verso l'altopiano: la neve gelata e una splendida luna favorivano in modo singolare l'avanzata degli uomini; ciò nonostante la truppa, spossata da tante ore di cammino, procedeva con lentezza esasperante.

Fece la sua ricomparsa il mal di montagna e si registrò qualche caso di assideramento: una sconsiderata distribuzione di acquavite, ordinata contro i consigli del maggiore Costa, peggiorò la situazione, mettendo fuori combattimento parecchi soldati che stramazzarono sulla neve sfiniti: «Il freddo molto intenso paralizzava le nostre membra e le nostre forze - raccontò nella sua relazione Niepperg - Avanzando osservavamo con apprensione la neve che copriva la montagna: per due volte le valanghe minacciarono di inghiottirci o di farci precipitare nella profondità dei burroni che ci circondavano. Non è certamente esagerato paragonare questa marcia a quella di Annibale, con la sola differenza che noi non avevamo bisogno di rompere le rocce con l'aceto».

Raggiunto l'altopiano, la colonna si raccolse presso la cappella di San Bartolomeo alle Grange Savalin verso le quattro di mattina. Il silenzio più assoluto circondava gli austriaci che, vinti dalla stanchezza, si trascinavano sulle orme dell'avanguardia; se il nemico li avesse attaccati in quel momento, non solo non sarebbero stati in grado di opporre una sia pur minima resistenza, ma non sarebbero riusciti neanche a tentare la fuga. Tuttavia, dopo un paio di ore di riposo, il solo pensiero che il più era ormai fatto e si era vicini alla meta, diede vigore anche ai più sfiniti.

Il Costa e il Niepperg formarono allora i vari drappelli necessari all'impresa, impartirono le consegne e si mossero ad eseguire la missione progettata.

I primi due drappelli non incontrarono intoppi nell'esecuzione della loro missione: il primo, guidato dal capitano Reinisch, costeggiò la riva occidentale del lago e giunse senza ostacoli al Colle del Moncenisio, dove si appostò nelle vecchie ridotte sabaude, pronto a fronteggiare i possibili soccorsi inviati da Lanslebourg.

Il capitano Fuchs con il secondo drappello, costituito da una compagnia del reggimento Banato, seguì la riva settentrionale del lago e sorprese il distaccamento dell'Albergo della Posta, facendo prigionieri i francesi che vi dormivano, ignari di tutto.

La cappella di San Bartolomeo in Val Savalin: qui si riunirono le fanterie austriache nell'attacco dell'8 aprile 1800.

Il terzo distaccamento, comandato dal maggiore Neipperg, aveva un compito assai delicato: doveva dirigersi sull'Ospizio, sorprendere il presidio del comando e catturare il comandante che qui alloggiava. Per compiere tale impresa Neipperg aveva a disposizione una compagnia di cento uomini del reggimento Arciduca Giuseppe: lasciate le Grange Savalin, il maggiore condusse i suoi soldati verso il lago gelato e lo attraversò in tutta la sua larghezza con la più celere andatura possibile. Mentre gli austriaci guadagnavano la riva settentrionale, arrivò l'eco di qualche fucilata dalla Gran Croce, dove si era diretto il quarto drappello. Dall'Ospizio non giunse però nessun segnale di allarme: le sentinelle, infreddolite, si erano riunite attorno ad un piccolo fuoco per riscaldarsi; chiacchieravano tra di loro ed erano bel lontane dall'aver qualsiasi presentimento di ciò che stava per accadere. Gli austriaci piombarono su di esse e le catturarono senza incontrare alcuna resistenza. Un attimo dopo entrarono nella camerata della truppa, sorprendendo i soldati francesi addormentati nei loro giacigli.

Il maggiore austriaco si fece guidare all'alloggio del comandante Caffre e con la sciabola sguainata si precipitò nella camera dove costui ancora giaceva, gridando: «Comandante! Siete mio prigioniero!».

Il Caffre, seduto sul letto, tentava di infilarsi un paio di stivali che gli andavano piuttosto stretti: alla vista dell'ufficiale avversario, afferrò con prontezza due pistole che teneva sul tavolino da notte e le spianò verso Neipperg. Ma costui fu lesto a ripassare la porta e a chiudersela alle spalle, evitando per un soffio le pallottole del francese. Il maggiore intimò ancora una volta la resa al comandante, ma questi, dopo essersi barricato nella stanza, aprì la finestra per chiedere aiuto. Con l'aiuto di alcuni soldati saliti all'alloggio, il Neipperg sfondò la porta e rientrò nella camera: Caffre, ancora stupito dell'amara sorpresa notturna, sfoderò la spada e la consegnò all'avversario, capitolando senza porre alcuna condizione.

Caduto il caposaldo dell'Ospizio, Niepperg portò i suoi soldati sul Mont du Chat (altura dove poi sorse il forte Gatto), per tagliare la ritirata ai francesi in fuga dalla Gran Croce.

A questo punto spettava al quarto drappello risolvere la parte più difficile dell'intera missione, l'attacco alla batteria della Gran Croce. Per l'impresa il maggiore Mesko aveva a disposizione quattro compagnie del reggimento Arciduca Giuseppe e cento uomini delle milizie di Susa; dopo aver lasciato le altre colonne, il gruppo si era messo in movimento percorrendo la riva meridionale del lago e le alture del Crin, preceduto da un'avanguardia condotta dal capitano Orsaz. A quest'ultimo spettava l'incarico di piombare sulla ridotta nemica di sorpresa e di bloccare i trenta soldati che la sorvegliavano, assieme alle altre postazioni nei pressi.

Quando Mesko e i suoi uomini arrivarono nei pressi della borgata Gran Croce, si avvidero che la batteria, piazzata sulle rive del ghiacciato Lago Brun, era abbandonata: i cannoni erano sui loro affusti, coperti dalla neve e dal ghiaccio; non c'era anima viva, al di fuori di una sentinella mezza addormentata, che fucile in spalla, volgeva lo sguardo e le mani verso un fuoco che aveva acceso per cercare conforto. Gli attaccanti scesero silenziosi alle spalle della batteria e del soldato francese, entrarono nel perimetro dell'opera e gli si gettarono addosso in un lampo. Ma non così presto da impedirgli di sparare un colpo di fucile che echeggiò nel silenzio della notte. I soldati francesi, che dormivano nelle varie case del borgo, sbucarono fuori in fretta, meravigliati di ciò che stava accadendo: qualcuno sparò dei colpi di fucile, poi, senza opporre ulteriore resistenza, il presidio cadde nelle mani degli austriaci che avevano completamente circondato le abitazioni.

Nel frattempo la seconda colonna, con al seguito le pesanti slitte per il traino dei pezzi, spuntava dalla strada reale, richiamando l'attenzione di un piccolo posto di guardia francese situato nella ridotta Forte San George presso l'imbocco del Piano di San Nicolao, del tutto all'oscuro di quanto era appena successo alla Gran Croce. Fu sufficiente tuttavia un pugno di uomini inviati dal Mesko per far tacere l'azione dell'ultimo caposaldo dell'altopiano, che si arrese senza fare resistenza.

L'azione fu un vero successo: in meno di tre ore tutta la guarnigione francese del Moncenisio era caduta prigioniera, senza spargimento di sangue, solo a prezzo di immani fatiche.

Mentre i soldati, coadiuvati dai montanari, liberavano i cannoni e gli affusti dal ghiaccio caricandoli con enorme fatica sulle slitte, il maggiore Niepperg metteva in pratica la seconda parte del piano, scendendo rapidamente verso Lanslebourg per attuare un ambizioso colpo di mano. Intendeva infatti attaccare i distaccamenti francesi accantonati nell'alta Maurienne e respingerli almeno fin oltre Bramans. Mentre avanzavano verso il villaggio, una colonna di circa trecento francesi risaliva il versante per dare il cambio alle truppe della guarnigione del Moncenisio. Lo scontro fu inevitabile: i repubblicani, attaccati con impeto dagli austro-sardi, fuggirono verso il fondovalle, rientrando nel villaggio. La sorpresa nel paese non poté essere più completa: i francesi abbandonarono le loro postazioni e si diedero alla fuga da tutti i lati; per non farsi catturare dagli avversari alcuni generali si misero persino a correre senza calze e scarpe per le strade; fra di essi c'era nientemeno che il generale Valette, comandante del settore, e il generale Dassin, che, scappato in tutta fretta, dimenticò persino la moglie in paese, lasciandola nelle mani degli austriaci. Pochi giorni dopo però la donna fu liberata e lasciata tornare a Bramans, dove erano ripiegati il marito e i suoi valorosi soldati.

La felice riuscita dell'operazione ebbe rilevanti contraccolpi in tutta la zona: il Valette, credendo che stesse calando in Savoia un grosso corpo austriaco, diede l'allarme generale, racimolando aiuti da tutte le parti, da Grenoble e da Lione. Persino il generale Berthier, che stava organizzando la celebre Armata di Riserva con la quale Napoleone, un mese dopo, avrebbe condotto la sua campagna offensiva in Italia passando dal Gran San Bernardo, si sentì in dovere di muovere le guarnigioni della Bresse e del Bugey verso la Maurienne. Solo il Primo Console ebbe però l'acume di riportare l'avvenimento alle sue giuste proporzioni, valutandolo per quello che era in effetti stato: un intelligente e ben studiato colpo di mano per impadronirsi di alcuni cannoni e liberarsi di una minaccia alle spalle, nulla di più. Se il progetto fosse sfociato in una vera invasione della Savoia con l'impiego di forze ben più consistenti, anche l'organizzazione dell'Armata di Riserva sarebbe stata ostacolata e i piani di Napoleone, per portare ancora una volta la guerra nella Pianura padana, avrebbero subito un serio ridimensionamento. Pochi giorni dopo la sorpresa austro-russa, i francesi riprendevano possesso del grande valico e si apriva, questa volta verso la Valle d'Aosta, la fortunata seconda Campagna d'Italia che riportò l'Italia sotto il controllo di Napoleone Bonaparte.

La Strada Napoleonica e l'Ospizio

Napoleone Bonaparte fu senza dubbio uno dei più grandi condottieri della Storia, ma non solo: il suo lavoro ha lasciato un segno indelebile in molte attività umane diverse dall'arte della guerra e della conquista, dalle riforme della legislazione e dell'ordinamento dello stato alle innovazioni introdotte nella scienza e nelle arti. A lui spetta il grande merito di aver realizzato sulle Alpi occidentali, per secoli difficilmente percorribili dai carri, ampie strade carrozzabili adatte ad ogni tipo di vettura. Le grandi strade del Monginevro, del Moncenisio e del Sempione hanno spezzato l'isolamento della Pianura padana, permettendo all'Italia di avere maggiori e più frequenti contatti con le grandi correnti di traffico europee. Grandi disponibilità economiche, unite alle possibilità di poter disporre di un corpo di ottimi ingegneri specializzati, permisero di portare a termine in un giro di tempo relativamente breve un'opera tanto gigantesca, impensabile soltanto pochi anni prima.

Durante il viaggio di ritorno in Francia dopo la fortunata campagna che si era conclusa con la battaglia di Marengo (1800), Napoleone si era reso conto delle orribili condizioni in cui versava la strada reale da Torino a Chambéry e del difficoltoso attraversamento del valico per mezzo della stretta mulattiera che da Novalesa saliva a Ferrera e alla Gran Croce. L'antica via, dopo decenni di mancate cure a cui si erano aggiunti i danni provocati dalle guerre, era diventata impraticabile: per di più sull'altopiano l'Ospizio, più volte attaccato e saccheggiato dagli eserciti, era diroccato ed abbandonato.

La prima preoccupazione di Napoleone fu proprio rivolta all'Ospizio: nel febbraio del 1801 egli riscattò da alcuni abitanti di Lanslebourg gli antichi edifici che avevano acquistato nel periodo rivoluzionario. Il 21 giugno, con un decreto, sancì la creazione di un Ospizio che doveva essere simile a quello esistente sul Colle Gran San Bernardo, ritrovando l'originaria funzione di soccorrere i viandanti e le truppe di passaggio.

La difficoltà maggiore fu trovare chi potesse occuparsene. Solitamente gli ospizi montani erano affidati a dei religiosi, ma Napoleone aveva soppresso tutte le congregazioni e gli ordini religiosi. Ciò nonostante propose alla direzione del nuovo Ospizio Claude Gabet, padre superiore dell'abbazia di Tamié, soppressa dai rivoluzionari francesi, che accettò l'incarico dopo essere stato autorizzato dal papa.

Don Gabet portò con sé i suoi antichi compagni di Tamié aspettando l'arrivo di elementi più giovani che giunsero solamente nel 1810. Don Gabet svolse un'opera di alta diplomazia, cercando di obbedire alla chiesa di Roma e nello stesso tempo di non dispiacere all'imperatore, che gli conferì il titolo di abate: "le seul Abbé de mon Empire".

Il complesso, gravemente danneggiato dalla guerra franco-piemontese, nel 1803 appariva come un edificio lungo 55 metri e largo 13. Era composto da un pian terreno che comprendeva alcuni alloggi, una cappella, una sala d'intrattenimento e delle scuderie.

Don Gabet lo fece ricostruire a partire dal settembre 1808, destinandone una parte a caserma per il presidio di guardia. Le modifiche strutturali nel corso degli anni portarono ad avere alla fine del XIX secolo una struttura a pianta quadrilatera, con maniche perimetrali che si affacciavano sui cortili interni, frammezzata dal padiglione centrale della chiesa della Santissima Annunziata.

A destra si trovava l'Albergo e l'Ospizio per i poveri; sull'altro lato vi erano l'ufficio postale (poi telegrafico), la stazione dei gendarmi (poi dei carabinieri) e la grande caserma con scuderia capace di 2200 uomini e trecento cavalli. I tre fabbricati della caserma, della chiesa e dell'Ospizio erano completamente circondati da un muro difensivo munito di un doppio ordine di feritoie per fucilieri; da due spigoli opposti del perimetro

Il fabbricato dell'Hotel Posta in una cartolina del 1900.

sporgevano due massicce caponiere che avevano il compito di fiancheggiare le cortine del muro di cinta. La strada nazionale passava all'interno del complesso avanti al fronte principale dell'Ospizio, controllata da appostamenti di fucileria in corrispondenza dei varchi di passaggio che si aprivano nel muro di cinta.

L'Ospizio era composto da un piano terra, rialzato rispetto al suolo, e da un primo piano. Un corridoio parallelo alla strada divideva l'edificio in due parti quasi uguali, nel senso della sua lunghezza. A destra e a sinistra del corridoio erano disposti appartamenti molto confortevoli, soprattutto sul lato sud-ovest. Qui si trovava anche la camera di Don Gabet e quella vicina, solitamente occupata da Napoleone Bonaparte. Le stanze erano riscaldate con stufe nascoste nello spessore dei muri.

L'Ospizio era al centro della vita del Moncenisio. Ancora negli anni immediatamente precedenti all'ultimo conflitto, con la denominazione di caserma Paolo Racagni, ospitava la maggior

LANSLEBOURG
(Dogana francese)
Lans le Villard
Arc
Ricº 23
Gʳˢ S.Pierre
Ricº 21
Ricº 22
Ricº 20
la Ramassa
Ricº 19
Colle del Moncenisio
2084
Ricº 17 (Posto di Carabinieri)
la Buffa
Ricº 16
Ricº 15
Gr. Boch
Ricº 14
Ricº 13
Ricº 12
Albº d. Posta
Albº Rosazza
Toet inf.
Pᵗᵃ Clairy
3163
1925
1913
Ospizio (Grand Hôtel)
Pᵗᵉ Rosso
S.Bartolommeo
F. du Chat
Rivers
Ricº 9
Bergeries davant
la Barriera
1876
Forte la Cassa
M.Pattacreuse
2580
La Gran Croce
(Albergo Italia)
Ricº 8
Ricº 7
le Scale
L.Brun
2007
Piccᴼ Moncenisio
L.Prè
2305
Ricº 6
Ricº 5
(Posto Doganale)
Ferrera Cenisio
Ricº 4
Ricº 3
L.Roterel
L.Ferrera
2290
L.Nero
M.Malamot
2914
Ricº 2
L.Bianco
V. de Savine
1500
Bard
(Ufficio Doganale)
Gh. di Bard
V. d'Ambin
Pᵗᵉ Clini
Ricº 1bis
L.della Vecchia
L.de Savine
2680
Cˡᵉ Clapier
2472
S.Martino
1088
Rᶜᵃ d'Ambin
3378
Lᵍʰⁱ Clapier
Molaretto
Busignera
M.Aria
2250
L.d'Ambin
2854
Cˡᵉ d'Ambin
Cᵐᵃ Parè
3368
3620
Pᵗᵃ Roncia
T. Roncia
L.Clair
2748
L.Lamet
3478
Valle
Giaglio
Scala di 1:100,000
0 1 2 3 4 5
Chilometri

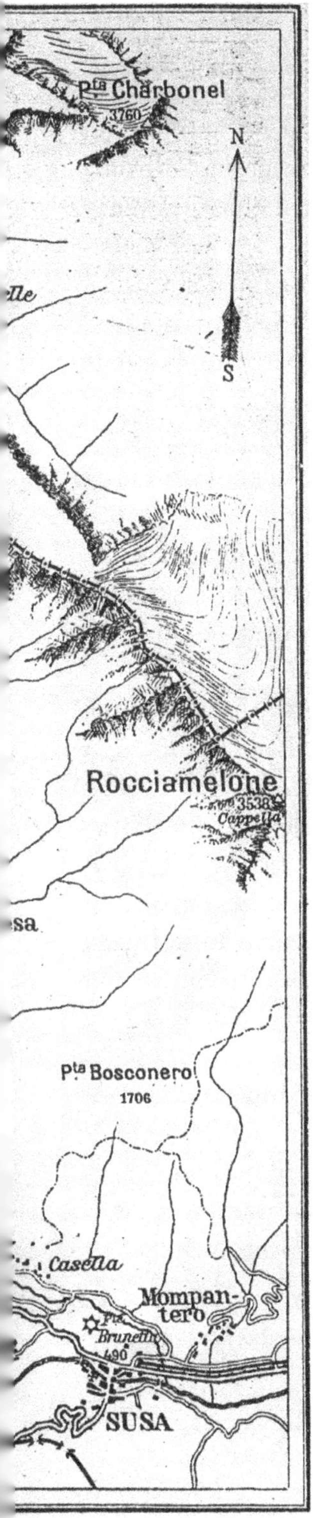

parte degli uomini di guardia al valico e di presidio alle numerose fortificazioni che sorgevano nei pressi.

Resosi conto della necessità di intervenire radicalmente sul tracciato viabile, che i sovrani sabaudi avevano in parte migliorato ma mai reso carrozzabile per le preminenti ragioni strategiche, Napoleone diede mano nell'agosto del 1802 alla progettazione di un nuovo tronco che fosse interamente percorribile dalle carrozze. Era la fine dell'antica strada reale che passava da Novalesa e da Ferrera. Il progetto della nuova strada fu assegnato all'ingegnere Joseph-Henry Dausse, ispettore del Corpo francese di Pont et Chaussées, mentre per i lavori furono reclutati gli ingegneri Deschamps, Thievat, Sevestre, Derrien e il piemontese Trono.

I lavori iniziarono il 19 giugno 1803. Il tracciato fu diviso in più parti, ognuno affidato ad imprese diverse. Gli impresari piemontesi Colombino e Gastaldi lavorarono ai tornanti sulla sommità del valico. Il resto dei lavori, sul versante della Savoia, fu assegnato all'impresa biellese Rosazza.

Gli operai furono reclutati soprattutto nel Canavese e nel Biellese e, in parte, nelle comunità di Venaus, Susa e Novalesa.

Carta del Moncenisio prima della costruzione delle dighe: si vede l'intero tracciato della strada napoleonica da Susa a Lanslebourg.

Gli interventi richiesero un notevole impegno, soprattutto sul versante italiano, dove c'era da superare l'elevato dislivello (1600 metri) tra Susa e il valico. L'ingegner Dausse riuscì ad affrontare il problema proponendo una nuova soluzione che prevedeva di abbandonare del tutto l'antico tracciato per iniziare l'ascesa da Susa, attraverso il versante di Molaretto e di Bar Cenisio. Si rimediò così una pendenza più dolce ed uniforme, anche se sviluppata su un percorso più lungo. Il nuovo percorso, aperto tra il 1809 e il 1811, si snodava lungo il ripido versante della Mulattiera, passando per Giaglione, Molaretto, Bar e il Piano di San Nicolao. Da qui si superava la barriera della Scala con un lungo tracciato a mezzacosta sotto la Cima di Bard.

Il nuovo tracciato suscitò il malcontento degli abitanti di Venaus, Novalesa e Ferrera che da secoli avevano vissuto sul traffico commerciale attraverso il valico ed ora venivano esclusi dalla corrente dei passaggi.

La costruzione della carrozzabile, oltre a privarli del loro mestiere di portatori, li tagliava fuori da ogni possibilità di avvantaggiarsi del traffico della zona. Non furono pochi gli episodi di vero e proprio boicottaggio e ci fu un periodo in cui gli operai dovettero lavorare sotto la scorta dei militari per l'ostilità della popolazione: alla fine parecchi marrons di Novalesa e di Lanslebourg dovettero rassegnarsi all'assunzione nei cantieri per la costruzione e poi di manutenzione della strada; altri invece emigrarono, conducendo altrove vite stentate al limite della sopravvivenza.[1]

I lavori sul tratto Lanslebourg-Piana del Moncenisio procedettero molto rapidamente tanto che «la vettura del Prefetto del Mont Blanc fu la prima che percorse questo tratto con i cavalli della Posta». Assai più difficile si rivelò il versante piemontese, più esposto alle valanghe e certamente più scosceso.

---

1 Ancora oggi in Piemonte il termine marun, derivato da marron, significa povero diavolo, meschino.

Gli arditi tornanti della strada napoleonica superano la ripida bastionata delle Scale.

Particolarmente critico si rivelò il superamento della bastionata delle Scale: mentre la strada reale settecentesca attraversava il Piano di San Nicolao affrontando poi la salita con una serie di ripidissime volte, gli ingegneri francesi decisero di superare il tratto aggirandolo con un lungo mezzacosta sulle pendici della Cima di Bard, lasciando la piana di San Nicolao al suo sbocco. Era un tracciato ardito, che si rivelò non privo di problemi legati alla conformazione del luogo. Il 31 agosto del 1811 una grande frana di circa 4000 metri cubi, provocò un'ampia interruzione del tracciato. Per rimediare a tale inconveniente si prospettarono due soluzioni, l'apertura di una lunga galleria per evitare il sito franoso o l'abbandono drastico del vecchio tracciato. Alla fine si optò per questa seconda soluzione: la carrozzabile fu riportata nel Piano di San Nicolao, dove cancellò l'antico percorso settecentesco; la barriera tra il pianoro e la Gran Croce fu superata con una serie di larghi tornanti, le Scale del Moncenisio, che richiesero lavori notevoli di sbancamento della roccia e imponenti opere di sostegno. Il tratto abbandonato fu successivamente ripreso per il tracciato della Ferrovia Fell.

Altrettanto, nel tratto in discesa dopo Bar, per evitare la valanga di Venaus, che cadeva spesso due volte l'anno, ostruendo la strada per ben 70 metri, fu costruita a San Martino una galleria ad arco lunga cento metri. Veniva usata solamente durante l'inverno per evitare di essere sepolti.

Il serpente della Ferrovia Fell tra il Ricovero 8 e la Gran Croce.

Uno degli ingegneri della colossale impresa, Romain Derrien, del Servizio dei Ponts et Chaussées, che per ben undici anni seguì l'andamento dei lavori, ci ha lasciata un'accurata descrizione del procedere di questi.[2]

Furono impiegati più di duemila operai che lavorarono per cinque mesi ogni anno, tanto permetteva il clima montano.

2 R. Derrien, *Notice historique et descriptive sur la route du Mont-Cenis*, 1816.

Al tramonto una prima salva metteva fine alla giornata lavorativa scatenando, per una mezz'ora, il fragore continuo delle esplosioni delle mine. Poco dopo il campo degli operai era illuminato dai fuochi che servivano a preparare la cena ai lavoratori ed a riscaldarli durante la notte. Un certo numero di curiosi seguiva il procedere dei lavori nei mesi estivi. Un'opera davvero gigantesca, ammirata persino dal papa Pio VII che il 15 novembre 1804 passava sul Moncenisio per recarsi a Parigi ad incoronare Napoleone: «Mentre procedeva per quelle aspre vette, fu spettatore di una stupenda meraviglia. Aprendosi in quei giorni la grande strada che dal Piemonte per le Alpi porta in Savoia, il generale Menon aveva ordinato di tener pronto un buon numero di mine scavate nel nudo sasso. All'apparire del Pontefice vengono simultaneamente accese, scoppiando con immenso fragore: spettacolo grandioso e singolare! Dalle montagne spaccate escono neri vortici di fumo entro cui guizzano lunghe strisce di fuoco; enormi massi di roccia lanciati in aria ricadono nella valle nei profondi burroni facendo risuonare quei luoghi solitari ed alpestri di orribile fracasso».

Già nel 1805 il tratto della carrozzabile Susa Lanslebourg era in funzione.

La grande opera costò molto sia in materiale che in manodopera. Solo la strada raggiunse la somma di 6.080.000 franchi, compresi i ponti, le gallerie, i muri di sostegno, i parapetti, alla quale si aggiunsero le spese per la realizzazione dei rifugi e dei segnali (fr. 170.000).

Dopo il 1814 furono eseguiti ancora diversi lavori di perfezionamento fra i quali l'apertura di un nuovo canale della Cenischia costruito per deviare le acque dalle rampe della Gran Scala; l'edificazione di un ponte di marmo bianco nel pianoro sottostante e alcune varianti del tracciato.

In totale, computandosi anche gli ultimi lavori, la strada del Moncenisio costò 7.460.000 franchi.

L'impresario dei lavori, piemontese come quasi tutti gli operai impiegati, Eusebio Rosazza, con gli utili ricavati dalla grandiosa costruzione aveva fatto elevare due grossi fabbricati da destinare ad uffici commerciali e daziari: uno si trovava a Susa, proprio all'inizio della nuova strada, l'altro sulla piana del colle, presso l'Ospizio. Il primo stabile, dopo varie vicissitudini, fu acquistato dal Comune di Susa ed adibito a caserma degli Alpini; il secondo, meglio conosciuto come casa Rosazza, ospitò sempre esercizi commerciali; in seguito alla costruzione della vecchia diga della centrale elettrica, il livello del lago, salendo di qualche metro, inondò progressivamente l'edificio. Nei pressi risorse poi un albergo che continuò a portare il nome del costruttore biellese.

Dopo la costruzione della carrozzabile, Napoleone passò due volte il Moncenisio, nel 1805 e nel 1807. L'ultimo passaggio, il 19 aprile 1807, avvenne sotto una fortissima tormenta: Napoleone, partito da Lanslebourg a cavallo, assieme ai suoi generali Berthier e Duroc e al prefetto del Mont Blanc, fu quasi subito costretto dalla nevicata a salire sulla carrozza trainata da sei cavalli e preceduta dalle guide che battevano la pista. Con il rafforzarsi della tormenta, anche la carrozza dovette fermarsi, percossa dalla violenza del vento e bloccata dall'altezza dell'accumulo nevoso. Così l'Imperatore e i suoi generali dovettero percorrere un tratto a piedi sotto le gelide sferzate di vento e di neve. Si racconta che Napoleone avrebbe corso un serio pericolo, se non fossero intervenute in suo aiuto le due guide del posto, Martin Boch e François Bouvier, che lo trassero in salvo nel ricovero numero 20, vicino alla zona della Ramasse. Qui l'Imperatore poté riposarsi dalle fatiche, sorseggiando una grande tazza di caffè preparato da una vecchia che abitava nel rifugio. Intanto da Lanslebourg centinaia di soldati erano stati mobilitati con pale e attrezzi per aprire il cammino alla carrozza. Al cessare della tormenta, il gruppo risalì sulla vettura per giungere poi all'Ospizio. Don Gabet accolse un Napoleone sofferente, con dolore agli arti inferiori e impossibilitato a levarsi gli stivali marci di acqua: l'abate condusse il corso nella sua camera, gli tagliò gli stivali e

La camera dove dormì Napoleone nell'Ospizio del Moncenisio.

frizionò personalmente gli arti all'augusto ospite sino a riattivarne la circolazione.

Poco dopo tutta la comitiva si raccolse alla tavola di Don Gabet per la cena. Il giorno dopo, 20 aprile, Napoleone risalì in vettura per calare a Susa.

Come sua abitudine, fu riconoscente verso i suoi soccorritori, concedendo alle due guide una pensione a vita. Anche il valico si avvantaggiò di quella sventura. Napoleone infatti, rendendosi conto di persona che, nonostante la nuova strada, il problema dei passaggi invernali continuava a creare dei grossi disagi, intensificò ancor di più le sue attenzioni per quell'importante via di comunicazione. L'area dell'altopiano, tolta al comune di Lanslebourg, a cui era peraltro sempre appartenuta nel corso dei secoli, fu elevata a municipio autonomo, un comune con tre borgate: Gran Croce, Ospizio e Ramasse. Lungo il percorso tra Susa e Lanslebourg furono poi costruite ben 23 case di ricovero, rifugi stabili in muratura con pianta quadrata di otto metri per lato, posizionati sul bordo esterno della strada, spesso sul precipizio. Il piano terra era costituito da un piccolo vestibolo, una stanza per i viaggiatori, la camera da letto per il cantoniere e un'altra stanza per gli altri lavoratori della strada. Per mezzo di una scala si accedeva al sottotetto dove si potevano ospitare molti uomini paglia a terra.

I rifugi, forniti di generi di prima necessità, di legna, di paglia, accoglievano i viaggiatori, sorpresi dalle intemperie o dalla tormenta. Le case di ricovero furono ciascuna affidate ad un cantoniere che, in condizioni di maltempo, aveva l'obbligo di accendere le lanterne che, posizionate a distanze fisse, indicavano la direzione della strada e di suonare di tanto in tanto una campana per guidare i passanti nella nebbia e nella tormenta. I cantonieri erano ben 75, divisi in tre gruppi. Tutti dipendevano dall'abate dell'Ospizio. Fu anche potenziata la grande caserma annessa al complesso dell'Ospizio e realizzato a Lanslebourg un nuovo albergo a tre piani, composto di 25 camere e quattro appartamenti, con scuderie capaci di alloggiare quaranta cavalli. Si cercò anche di garantire lo sgombero della neve per tutto l'inverno, convincendo gli abitanti di Lanslebourg e di Novalesa a collaborare in cambio dell'esenzione totale dalla leva militare obbligatoria.

Dal 1806 era stata inoltre attivata la linea telegrafica a segnali Chappe che collegava Parigi a Milano, con due stazioni sul Moncenisio. La prima stazione, denominata *telegraphe*, si trovava sul valico, al di sopra degli alpeggi de la Buffa, poco dopo l'inizio della discesa della Ramasse. Sulla carta "Susa" dello Stato Maggiore Sardo del 1852 (1:50.000) nello stesso punto sono indicate *les Ruines du Telegraphe*. La seconda stazione si trovava invece al Passo delle Finestre, dove ora parte la strada dei 2000 per l'alpeggio del Tour.

Napoleone, di cui era comunque noto il suo debole per il passo alpino, aveva anche progettato la costruzione di un monumento a piramide sull'altopiano, una sorta di Temple de la Reconnaissance dell'Impero, ma la caduta del suo potere fece mettere da parte la sua singolare iniziativa. La chiesa a forma di piramide teorizzata dall'Imperatore sorse negli anni Sessanta del XX secolo per sostituire l'antico Ospizio sommerso dal nuovo lago artificiale.

La traversata invernale sulle carrozze trainate da molti cavalli con lunghi pattini in luogo di ruote, affascinava i viaggiatori, anche se non comportava di certo più i rischi di un tempo. Il pericolo delle valanghe era di molto ridotto, quasi annullato grazie al nuovo tracciato stradale e alla costruzione di alcune gallerie paravalanghe sotto cui la strada passava nei tratti più esposti. Nel gennaio del 1845 una valanga precipitò su Venaus, demolendo una fucina di fabbro ed uccidendo varie persone che in essa si trovavano; ciò nonostante la strada non fu toccata, sebbene la massa nevosa l'avesse attraversata nella sua caduta: in questo punto c'era la galleria artificiale di San Martino. Parecchie di queste gallerie, ancora oggi esistenti e ben visibili sulla strada, furono in seguito riutilizzate dal tracciato della Ferrovia Fell.

Le intemperie però, malgrado le case di rifugio scaglionate lungo il percorso, ostacolavano sempre i passaggi invernali. Davide Bertolotti, nel 1828, dopo aver passato il Moncenisio, ricordava che della strada «non discernea se non quel tanto che bastava a farmi desiderare che fosse munita di parapetti continuamente verso la valle, per timore che l'orribile turbine non travolgesse nell'abisso il vetturale ed il mulo ed il piccol carro e me che, accovacciato dentro il carro, stupito rimirava l'ineffabile battaglia degli elementi». Persino il generale Alfonso Lamarmora, di ritorno dalla Francia nel 1861, era stato costretto durante una tempesta di neve a riparare nel ricovero n. 4, tra Bar e la Gran Croce, dove era rimasto per ben 37 ore.

Dopo la cessione della Savoia alla Francia (1861), il valico, divenuto ora limite confinario tra due stati, fu testimone di alcune applicazioni tecnologiche che avrebbero cambiato, oltre che i modi e la vita degli uomini, anche l'aspetto dell'ambiente. Una di queste era rappresentata dalla Ferrovia Fell Susa- Colle del Moncenisio-Saint Michel de Maurienne, una sorta di particolare tramvia adatta alle elevate pendenze della strada napoleonica, una delle prime che valicasse un passo delle Alpi. Si trattava di una avveniristica ferrovia di montagna che rimase in funzione tra il 1868 e il 1871. La linea, a scartamento ridotto, sfruttava un sistema di incremento artificiale dell'aderenza ruota-rotaia messo a punto dall'inglese J.B. Fell (1815-1902), che consentiva il superamento di elevate pendenze e di curve a raggio ridotto senza pericoli di deragliamento. Ciò era reso possibile da una terza rotaia che veniva aggiunta alle rotaie normali nei punti di maggior pendenza: grazie al suo profilo a doppio fungo, questa rotaia poteva essere agganciata da due coppie di ruote motrici orizzontali premute dal macchinista.

I lavori per la realizzazione della Fell vennero iniziati nel 1866 e procedettero celermente, nonostante l'asprezza del terreno e il rigore del clima. La ferrovia fu portata a termine alla scadenza prevista, ed il 15 giugno 1868, con una solenne inaugurazione, vide il transito del primo convoglio. La linea si snodava per una lunghezza di 79 chilometri, superando un dislivello di 1588 metri da Susa al Colle del Moncenisio; correva sul sedime della strada napoleonica, utilizzando le numerose gallerie paravalanghe già esistenti ed altre ricavate durante la costruzione, in muratura o scavate direttamente nella roccia. Tra la fermata di Bard e l'imbocco del Piano di San Nicolao (fermata di Gran Scala), le gallerie Comba, Rocca Nera e della Valanga assommavano ad una lunghezza di un chilometro. Di questi manufatti si vedono ancora gli avanzi della galleria Comba, dotata di contrafforti esterni e l'intera, ben conservata, galleria della Valanga delle Combasse (km 70), in corrispondenza dell'attuale confine di stato tra Italia e Francia.[3]

Dall'imbocco del Piano di San Nicolao e la Gran Croce la ferrovia riutilizzava l'antico tracciato abbandonato della strada napoleonica che, correndo a mezza costa sulle pendici della Cima di Bard, consentiva di superare il forte dislivello delle Scale. All'ultimo tornante della strada, dopo aver superato una suggestiva

3 E. Pieri, *La Ferrovia del Moncenisio ed il sistema Fell ad aderenza artificiale*, Susalibri, 1996.

galleria-ponte, ancora oggi ben visibile, tornava sulla carrozzabile: in questo tratto la linea era racchiusa in una lunga galleria artificiale di legno e di lamiera che doveva proteggerla contro la tormenta, ma le faceva assumere l'aspetto di un gigantesco serpente strisciante lungo la salita del colle. I convogli giungevano quindi alla stazione di Gran Croce, dove, solitamente si rifornivano di acqua per la caldaia e si effettuavano gli scambi. Poi proseguivano per l'Ospizio, costeggiavano il lago e, con un'ultima salita, affrontavano il valico, il punto più alto a 2084 metri di altitudine. Da qui iniziava la ripida discesa su Lanslebourg, su strada e in sede propria con cinque tornanti in galleria. In certi punti le rotaie erano poste sull'orlo di precipizi poco rassicuranti, per questo i convogli erano dotati di finestrini piuttosto alti, tali da impedire ai viaggiatori la vista su questi temuti abissi. Così il famoso alpinista inglese E. Whymper descriveva il suo viaggio sulla Fell: «Il tragitto attraverso il passo dalla stazione di sommità alla Grand Croix era compiuto rapidamente, e cominciava la tremenda discesa verso Susa, che vista dalla macchina era poco meno che terrificante. Un lungo tratto della linea era coperto e le curve si susseguivano l'una all'altra come in nessun'altra ferrovia. Dall'esterno la linea ricordava molto più un mostruoso serpente che una strada ferrata: dall'interno si poteva vedere avanti solo per pochi metri tanto le curve erano strette. Uscendo all'aperto si aveva vista in basso per 900-1200 metri su precipizi e ripidi fianchi di montagne: subito dopo la macchina voltava bruscamente a sinistra e macchinista e fuochista dovevano tenersi ben saldi per evitare di essere buttati fuori. Poco dopo c'era un'altra curva altrettanto brusca a destra, poi aumento o diminuzione della velocità per i cambiamenti della pendenza».

Per superare il valico e quindi il tratto più aspro della linea occorrevano circa tre ore. Il viaggio completo da Susa a Saint Michel richiedeva cinque ore, con una velocità commerciale attorno ai 16 km/h. Nei quattro anni di esercizio la Fell ebbe solo due incidenti, confermando il buon funzionamento della tecnologia impiegata. L'apertura della galleria ferroviaria del Fréjus tra Bardonecchia e Modane (1871) determinò l'immediata chiusura della ferrovia Fell e lo smantellamento della linea, i cui materiali furono rivenduti ad un paese del Sud America.

L'ultima grande trasformazione che interessò il Moncenisio fu dovuta alla realizzazione delle dighe e delle centrali idroelettriche da parte della Società Forze Idrauliche del Moncenisio.

Il trasporto delle condotte forzate durante la costruzione delle dighe.

Lo sfruttamento delle risorse idriche iniziò nel 1902-1904 con la realizzazione delle centrali idroelettriche di Novalesa (828 m di quota) e di Saluroglio (1290 m) che sfruttavano, tramite una diga trasversale al corso del torrente Cenischia, situata nel Piano di San Nicolao, un dislivello di 858 metri, ripartito in due salti.

Queste centrali, che producevano ciascuna 6000 kW, ebbero subito il problema della variabilità stagionale del flusso del torrente: infatti la Cenischia si originava a mezzogiorno del Lago Grande del Moncenisio, riversandosi in un laghetto inferiore con una serie di piccoli e caratteristici salti che erano denominati le Cascatelle. Dal laghetto inferiore il torrente scorreva nel suo letto naturale, scendendo rapidamente verso il grande salto della Gran Scala. Nel 1906, per evitare gli effetti delle magre invernali, si decise di trasformare il lago inferiore in un vero e proprio bacino di carico delle centrali, mettendo in comunicazione i due laghi tramite lo scavo di una galleria in roccia lunga 100 metri. La trasformazione determinò il prosciugamento delle Cascatelle, dichiarando la fine di un luogo ameno, visitato e celebrato da numerosi visitatori del Moncenisio: «Le Cascatelle paiono il letto di un torrente asciutto – si lamentava La Valsusa – e il viaggiatore pone il piede dove prima muggivano le acque spumeggianti, dove guizzavano le trote dai bei colori».

Nel 1910, per sfruttare il salto di circa 200 metri tra la Gran Croce e il Piano di San Nicolao, si costruì la Centrale di Gran Scala. Nel 1924 la necessità di produrre maggiori quantità di energia elettrica per la zona industriale di Torino, portò all'abbandono delle vecchie centrali di Novalesa e di Saluroglio e alla progettazione di un nuovo grande impianto facente capo alla nuova centrale di Venaus. Sul Lago Grande furono costruite tre grandi dighe, una ad arco, una rettilinea e una in terra battuta, con la derivazione delle acque dei torrenti Giasset e Roncia, in modo da portare la superficie complessiva del lago da un milione di metri quadrati a circa 2.500.000 di metri quadrati, aumentandone il livello di circa undici metri.

Dalla prima diga (diga ad arco) partiva un canale sotto pressione in galleria e in condotta forzata che, dopo un salto di 196 metri, alimentava la Centrale di Gran Scala, posta sul Piano di San Nicolao, alla base delle Scale. Questa disponeva di tre turbine Pelton con alternatore trifase in grado di produrre corrente elettrica a 3.000 volt, poi trasformata a 31.000 volt e trasportata con linea aerea alla Centrale di Venaus.

L'acqua restituita dalla Centrale della Gran Scala e quella affluente dal lago naturale della Piana di San Nicolao (kmq. 9) veniva raccolta in un bacino formato mediante lo sbarramento sulla Cenischia, realizzato all'inizio della piana. Da questo invaso partiva il canale della Centrale di Venaus. L'acqua scorreva in una galleria lunga 5200 metri e con un diametro di 1,90 metri. Lungo il percorso del canale venivano immesse, mediante tre prese ausiliarie, le acque dei torrenti Bar, Berta e Clery.

Il canale faceva capo ad un pozzo piezometrico da cui partiva la condotta forzata in tre tubazioni saldamente ancorate in 25 punti fissi. Il salto utile di Venaus, pari a 1097 metri, era il più alto dell'Italia, secondo solo in Europa all'impianto Fully in Svizzera.

La Centrale di Venaus si trovava a quota 622 metri ed era costituita da due edifici distinti, messi in comunicazione mediante un passaggio coperto. Nella sala macchine vi erano tre gruppi con turbine tipo Pelton accoppiate ad un alternatore trifase Brown-Boveri della potenza costante di 21.200 KW. La produzione annuale ammontava a 184 milioni di kWh.

Tutti questi impianti sono stati sostituiti dal grande complesso realizzato dall'ENEL e dall'Elettricité de France (EDF) negli anni Sessanta dello scorso secolo.

Il fulcro di tale gigantesca struttura è senza dubbio la grande diga che ha deturpato il volto dell'altopiano. Questo sbarramento è stato costruito nella seconda parte degli anni Sessanta.

La diga n. 1 all'atto della sua costruzione negli anni Venti.

Se i primi sbarramenti provocarono un innalzamento di undici metri della profondità, la mastodontica diga realizzata nel 1968 ha invece sommerso tutto, innalzando il livello del lago di ben 53 metri. L'enorme bastione di pietrame e terra è lungo circa 1500 metri ed alto 120; alla base la larghezza delle barriera raggiunge circa 500 metri. Per costruirla sono state aperte diverse cave nelle vicinanze, una delle quali ha letteralmente svuotato l'altura del

Paradiso, a monte della Ferrera. L'acqua del Moncenisio e dei numerosi torrenti vicini captati con prese e canali laterali alimenta la centrale francese di Villarodin: tuttavia, per gli accordi relativi al Trattato di Pace del 1947, anche l'Italia può disporre di una parte di questo immenso bacino, poco più di 51 milioni di metri cubi che, attraverso una galleria lunga otto chilometri e la lunga condotta forzata, raggiungono la nuova centrale ENEL di Venaus, totalmente interrata in caverna, nel cuore della montagna. La produzione annuale di questa centrale ammonta a circa 250 milioni di Kw.

Per ritrovare l'antico Moncenisio, ora inesorabilmente sommerso dall'immenso lago artificiale, occorre attendere i primi giorni di maggio, quando le acque si trovano al loro livello minimo: come in un sogno si dischiude un mondo cancellato parecchi anni fa dalla costruzione della diga, dando modo di riscoprire nei loro contorni e limiti originari, tracciati stradali e ruderi abitualmente sommersi.

Lasciando l'auto poco sotto al Piano delle Fontanette, dove ora sorgono le nuove costruzioni che hanno sostituito i fabbricati dell'Ospizio, si può scendere nel fondo asciutto dell'invaso, ritrovando il tracciato della vecchia statale 25. Lo specchio d'acqua c'è ancora, ma è temporaneamente tornato negli antichi limiti che aveva fino alla costruzione della nuova diga.

Il lago originario si estendeva per una lunghezza di circa due chilometri dall'Ospizio all'Albergo della Posta: profondo circa 31 metri, era occupato parzialmente da un'isoletta detta La Motta, minuscola, verde, disabitata.

Notevoli rimangono i resti delle prime tre dighe costruite per sfruttare la cospicua risorsa idrica del Moncenisio: gli sbarramenti attualmente frammezzano le acque lasciando a nord ovest l'invaso originario, mentre verso sud est, a ridosso della nuova diga EDF, si trovano una serie di specchi d'acqua dove un tempo c'erano le Cascatelle e il piano della Vaccheria.

L'Ospizio napoleonico con la sua cinta fortificata.

Dalla sommità dell'altura dove sorgeva Forte Gatto, di cui si vedono i ruderi delle fondazioni, si scorge in tutta la sua interezza il secondo sbarramento lineare: a valle, semi sommersi dalle acque, riemergono le tracce del primo tratto della condotta forzata che convogliava l'acqua fino alla Centrale di Gran Scala, ormai da tempo non più in esercizio.

Sullo sbarramento e nelle immediate vicinanze, due casotti in muratura nascondono i complicati meccanismi di sollevamento delle paratie, sui quali distinguiamo la scritta del fabbricante "Officine Savigliano". Superato l'ultimo promontorio, si può toccare ed attraversare anche la diga n. 1, dalla caratteristica forma arcuata. I primi due sbarramenti elevarono la superficie del lago a circa 150 ettari, dai 50 originari, determinando un innalzamento di undici metri della profondità. La terza lo portò a 270 ettari: pur lambendo la cinta meridionale dell'Ospizio, il margine del nuovo bacino non toccò mai gli edifici precedentemente costruiti.

Il passaggio dei francesi e i forti della Piazza militare

Il Trattato di Pace stipulato a Parigi nel 1796, in seguito alla sconfitta del Piemonte sabaudo ad opera di Napoleone, impose la distruzione, tra le altre fortezze alpine del Regno di Sardegna, anche quella della grandiosa fortezza della Brunetta di Susa.

Il vecchio confine italo-francese sul Colle del Moncenisio.
Il pilone bianco a destra è il termine di frontiera del 1860.

Passata la bufera e tornati nel 1815 i legittimi sovrani, la situazione era ormai completamente differente: la costruzione della grande strada carrozzabile del Moncenisio, attuata per volere dell'Imperatore in persona, aveva senza dubbio reso il valico più comodo e di facile accesso, ma sicuramente meno difendibile di quanto lo fosse stato in precedenza. I Re di Sardegna infatti, pur avendone la possibilità, si erano sempre opposti alla costruzione di una strada carrozzabile per ragioni prettamente strategiche, ben sapendo che l'asprezza della Val Cenischia, il notevole dislivello della mulattiera e la conseguente intransitabilità dei grossi carichi avevano da sempre giocato a favore della difesa dell'area.

Ora l'apertura dell'arteria napoleonica rendeva quanto mai vana ed inadeguata la ricostruzione della Brunetta, peraltro vivamente sostenuta dalla popolazione di Susa che aveva goduto nel passato di non pochi introiti economici derivanti dalla presenza del forte e della sua guarnigione. Il Comitato di Artiglieria e Genio, investito della questione, preferì spostare la linea difensiva direttamente nella Valle dell'Arc, a monte di Modane, dando così inizio alla realizzazione delle fortificazioni dell'Esseillon. Il Moncenisio, da sempre in prima linea, passò in seconda posizione rispetto a questo imponente complesso fortificato che è tuttora ben conservato tra il fiume Arc e il paese di Aussois.[1]

Le cose cambiarono molto presto: il Regno di Sardegna, grazie al re Vittorio Emanuele II e all'azione dell'instancabile Cavour, intraprese la grande avventura del Risorgimento. Nel 1859 entrò con entusiasmo nella Seconda guerra d'indipendenza a fianco della Francia contro l'Austria, per la conquista della Lombardia e del Veneto. I francesi tornarono a passare dal Moncenisio, ma questa volta le truppe d'oltralpe, nel ruolo di grandi alleate, furono accolte con tutte gli onori e con l'entusiasmo della popolazione.

Il passaggio delle truppe di Napoleone III dal Colle del Moncenisio nella primavera del 1859 segnò l'ultimo atto militare nella storia ottocentesca del valico.

A valicare il passo erano adesso le truppe francesi di Napoleone III che scendevano in Italia contro l'Austria, a fianco del piccolo Piemonte di Vittorio Emanuele II e di Cavour. La Divisione del generale Joseph Vinoy, del IV Corpo d'Armata, con

1 Sui forti dell'Esseillon si veda D. Gariglio, M. Minola, *Le fortezze delle Alpi Occidentali*, I, L'Arciere, Cuneo 1994.

Il passaggio delle truppe francesi nel maggio 1859.

tutta l'artiglieria, iniziò la marcia il 24 aprile. Il tempo era ·molto freddo e la strada in alcuni punti bloccata da ghiaccio e neve, che dovettero essere rimossi prima che le truppe potessero passare. La divisione mise nove ore per attraversare il colle. I frati dell'Ospizio non avevano più, come accadeva nell'epoca napoleonica, l'obbligo di rifornire di una mezza bottiglia di vino ogni soldato. I soldati francesi sostarono all'Ospizio e gli ufficiali visitarono la leggendaria camera dove aveva dormito Napoleone Bonaparte, strappando a brandelli la coperta ed i tendaggi del celebre letto come souvenirs del grande condottiero.

Un soldato francese del 63° reggimento di linea – uno dei primi che superò il Moncenisio, faticando sotto il peso di un enorme zaino – ricordò con queste parole il passaggio: «Se il buon Dio avesse scalato il Moncenisio con lo zaino sulla schiena, prima di creare le montagne, non le avrebbe fatte così alte».

I soldati francesi, giunti a Susa, furono accolti da un'atmosfera effervescente e gioiosa: «I primi soldati francesi giunti a Susa nel pomeriggio del 28 aprile, provenienti dalla via del Moncenisio, appartenevano ad un battaglione dei cacciatori di Vincennes. Il suono squillante e tutto speciale delle trombette francesi, chiamò sul suo passaggio una folla plaudente piena di ammirazione e di riconoscenza. A quel battaglione susseguirono altri battaglioni, ai primi reggimenti altri reggimenti, passarono le brigate, le divisioni colle artiglierie e colla cavalleria ora provenienti dal Moncenisio, ora dal Monginevro. Sulla nostra piazza d'armi fece breve tappa il formidabile parco d'artiglieria destinato all'assedio delle fortezze, ed il materiale, pontoni, tavolati e barconi, per gettare ponti provvisori sui fiumi».[2]

Vittorio Bersezio così raccontò l'arrivo dei francesi in valle di Susa e poi a Torino: «Erano in tutto circa ventimila soldati francesi che passavano in Italia con 342 cannoni. E dei cannoni i francesi facevano gran conto, essendosi essi, per una invenzione

2 M. Buffa, *Susa nei tempi antichi e moderni*, Susa 1904, pag. 106.

di rigatura interna fatta dall'Imperatore medesimo, perfezionati così da riuscire più leggeri, più maneggevoli, e da renderne il tiro più rapido, più lontano, più sicuro, più efficace, la qual cosa difatti colla prova fu chiarita per vera. I corpi del maresciallo Canrobert e del generale Niel superando le Alpi dal Moncenisio e dal Monginevro, scesero in Susa, donde per la via ferrata rapidamente a mano a mano venivano condotti a Torino. Indicibili furono le feste entusiastiche, le dimostrazioni, i trasporti di gioia, di ammirazione, di riconoscenza onde i soldati francesi furono accolti in tutte le terre italiane dal più misero paesello alle principali città. Loro si prodigarono applausi ed amplessi, fiori, frutta, vini, liquori, camangiari, e l'ospitalità la più larga, la più cordiale, la più generosa. I cittadini facevano a gara ad avere sotto il proprio tetto il numero maggiore di questi valorosi che passavano e andavano a cimentare la vita per la patria nostra: si ricevevano all'arrivo come preziosi ospiti, si abbracciavano alla loro partenza come cari fratelli».[3]

Al comando delle prime truppe giunse il 29 aprile 1859 anche il generale francese Maria Giuseppe Guglielmo Bouat. Appena calato dal valico fu colpito da una "sincope" il 30 aprile 1859 e morì improvvisamente in una taverna di Susa. Aveva quarantacinque anni, era un uomo coraggioso, pieno di attività ed energia, con un lungo curriculum di duro servizio nella fanteria francese. Fu seppellito a Susa con grandi onori e successivamente i suoi resti furono riportati in Francia. Gli succedette al comando il generale Trochu.[4]

I francesi attraversavano la valle come amici, come compagni, come alleati, accolti con fraternità dai valsusini: «Ricordo che un giorno di maggio – scrisse Michele Buffa – si trovavano a Susa circa 20.000 soldati e pioveva a dirotto; vi erano soldati

3 V. Bersezio, *Il regno di Vittorio Emanuele II – Trent'anni di vita italiana*, libro VII, Roma 1893, pag. 189.

4 Ancora oggi una lapide nell'atrio del palazzo comunale di Susa ricorda la figura del generale francese Maria Giuseppe Guglielmo Bouat.

Targa commemorativa dedicata al generale francese Bouat nel palazzo comunale di Susa.

in municipio, in tribunale, nelle chiese, nelle scuole, nelle case private, sotto i portici, da per tutto, e la maggior parte bivaccava nei prati coi fuochi accesi per fare il rancio e coll'illusione di farsi asciugare i panni, mentre l'acqua continuava a cadere su quei giovani animosi che nonostante l'imperversare del tempo, pur si mostravano baldi e allegri, però poco persuasi in quei momenti del bel cielo d'Italia».[5]

Come si sa, i franco-piemontesi vinsero, anche se con perdite altissime e Napoleone III firmò l'armistizio di Villafranca (2 luglio 1859) con l'Austria: una delusione per Cavour e per chi aveva così tanto sperato in quell'azione comune contro gli austriaci: «Dopo la pace di Villafranca – racconta ancora il Buffa – l'imperatore Napoleone III ritornò in Francia passando per Susa e pel Moncenisio il 16 luglio accompagnato da Vittorio Emanuele fino a Susa.

5 M. Buffa, *Op. cit*, pag. 108.

La separazione dei due monarchi fu cordiale e commovente e dal viso marziale e bonario di re Vittorio appariva la sua piena speranza nel felice compimento dei destini della patria. A Susa l'imperatore che fu vero amico dell'Italia, ricevette gli ultimi entusiastici omaggi degli Italiani prima di varcare la frontiera».[6]

Con i plebisciti del 1860, le popolazioni della Toscana, dell'Emilia – Romagna e dei ducati, espressero la volontà di essere unite al Regno di Sardegna. E si poté procedere finalmente all'unificazione di gran parte della penisola italiana e alla creazione del nuovo Regno sabaudo. Ma, secondo gli accordi con Napoleone III, a farne le spese furono però la Contea di Nizza e il Ducato di Savoia che, per onorare i patti con l'imperatore francese, dovettero passare alla Francia.

Il Moncenisio diventò così un valico di confine. L'altopiano, con il lago e l'Ospizio, era da secoli sotto la sovranità del Comune di Lanslebourg: i confini amministrativi tra la Savoia e il Piemonte erano infatti stabiliti al fondo del Piano di San Nicolao, nel punto dove sorgeva l'antica cappella di San Maurizio, patrono della Savoia. Ora non si scorge più alcuna traccia di questa cappella, ma sappiamo che essa si trovava proprio all'inizio della salita delle Scale.

Al tavolo delle trattative i plenipotenziari del Cavour riuscirono tuttavia, per preminenti ragioni strategiche, a far assegnare l'intero altopiano del Moncenisio all'Italia, ponendo la linea di confine sullo spartiacque principale tra i due bacini idrografici, cioè sul Colle del Piccolo Moncenisio e sul Colle del Moncenisio (2083 m). Il tracciato della frontiera fu stabilito con la Convenzione di delimitazione conclusa a Torino il 7 marzo 1861. In esecuzione di essa furono collocati 30 termini nel settore nord della Savoia, seguendo il criterio di limitare la segnalazione del confine ai principali passi della catena alpina, in corrispondenza cioè dei soli tratti allora agevolmente percorribili, tralasciando di

---

6 M. Buffa, *Op. cit.*, pag. 110.

segnare con i cippi la linea dello spartiacque considerata troppo impervia e i valichi alpini più elevati.[7]

Con la delimitazione del nuovo confine sorse nuovamente il problema della difesa del valico: cedute le fortezze dell'Esseillon alla Francia, non rimaneva che il vecchio ed insufficiente Forte Gatto, una piccola torre armata con quattro pezzi di piccolo calibro, elevata nel 1813 sulla riva orientale del lago per concorrere, assieme alla caserma dell'Ospizio, allo sbarramento della strada nazionale.

Dopo il 1870 il peggioramento dei rapporti tra i due Stati, che si era venuto a creare in seguito alla presa di Roma, ravvivò la questione che fu giudicata tanto urgente quanto un'eventuale attacco francese sul Moncenisio avrebbe di fatto aperto la via per Torino e la Pianura padana. I provvedimenti urgenti per la difesa dello Stato, varati in tutta fretta nel 1874 con lo stanziamento di una discreta somma di denaro, stabilirono la creazione della Piazza militare del Moncenisio, un campo trincerato costituito da tre forti di sbarramento, Forte Cassa, Forte Varisello e Forte Roncia, collocati sui punti dominanti l'altopiano, con lo scopo di interdire le principali vie di penetrazione nemiche, sulla direttrice del colle principale e del valico del Piccolo Moncenisio.

Le opere erano essenzialmente dei forti di protezione in muratura a torre in fossa, con pezzi di medio calibro, collocati in casamatta.

Il Forte Cassa fu costruito tra il 1877 ed il 1882 in posizione dominante a nord est del lago: si trattava di un'opera a fossa di pianta quadrilatera, con un impianto assai simile a quello degli altri forti, con caserma inserita nel cortile. Possedeva diversi pezzi da 15 GRC/Ret e da 12 GRC/Ret, destinati a battere la sella del valico del Moncenisio e l'ultimo tratto della strada nazionale.

Forte Cassa fu disarmato nei primi anni del XX secolo ed adibito a deposito ed alloggio truppe. Nel corso della realizzazione

7 Cfr. E. Campanella, *Il confine italo-francese*, Firenze 1981.

Il Forte Cassa e l'altopiano del Moncenisio prima della costruzione della diga EDF. Sulla destra si scorgono il fosso e le postazioni della Tagliata, l'unica parte rimasta del complesso.

dell'attuale diga, trovandosi proprio in corrispondenza del suo estremo settentrionale, fu demolito ed inglobato nelle strutture in via di costruzione.[8]

Forte Varisello è attualmente la più grande fortificazione che rimane al Moncenisio. Costruito tra il 1877 e il 1883, appartiene alla prima sistemazione difensiva dell'altopiano. È costituito da una grossa opera pentagonale a fossa a due piani. I suoi cannoni battevano tutta l'area compresa tra il Colle del Moncenisio e l'Ospizio.

8 Per la descrizione completa delle opere fortificate ottocentesche del Moncenisio si veda M. Minola, O. Zetta, *Moncenisio. Battaglie e fortificazioni*, Susalibri 2007.

Il forte, essendo centro del comando della Piazza, aveva anche una preminente funzione logistica; pertanto al suo interno erano previsti capaci depositi per le munizioni necessarie alle esigenze delle fanterie mobili chiamate ad operare nei pressi, infermeria, magazzini per la conservazione dei viveri e forni da pane.

La vita operativa del Varisello fu assai breve: disarmato nei primi anni del Novecento, quando ci si rese conto che le sue strutture non erano più in grado di resistere all'azione delle nuove granate torpedini, servì come bersaglio per alcune prove di tiro di artiglieria effettuate nel 1909-1910. Il 20 gennaio 1910 i forti Cassa, Roncia e Varisello furono radiati dal novero delle fortificazioni attive, rimanendo solo più adibiti a magazzini ed alloggiamento per le truppe di stanza sull'altopiano.

Pur essendo il più piccolo fra i tre forti del primo sbarramento del Moncenisio, il Forte Roncia è sicuramente il più significativo e certamente il meglio conservato.

Opera a torre in fossa di pianta semi ellittica, con lo stesso impianto tecnico dei forti Varisello e Cassa, fu anch'esso costruito fra il 1877 ed il 1880, su un pianoro in bellissima posizione dominante da settentrione il lago (2294 m). I suoi pezzi erano puntati sul Colle del Piccolo Moncenisio e le sue adiacenze. Venne disarmato nel 1915 e riattivato solo nel 1937, quando un restauro lo trasformò in una caserma destinata ad ospitare i 180 uomini al servizio delle circostanti opere del Vallo Alpino.

Il Forte Cassa ripreso dai militari francesi del servizio di informazione (SHAT 7N, 1413, Mont-Cenis).

Pochi anni più tardi, con l'ingresso dell'Italia nella Triplice Alleanza (1882) con Austria e Germania, le batterie furono portate sulle cime più elevate, allo scopo di garantire un controllo più capillare dei settori maggiormente esposti ed evitare i pericoli di un probabile aggiramento della linea difensiva.

Tra il 1887 e il 1889, per contrastare l'avanzata nemica proveniente dal Colle del Piccolo Moncenisio, fu realizzata la Batteria Pattacroce, sul monte Pattacreuse (2395 m). Si trattava di una classica batteria di protezione, di forma poligonale, armata con cannoni da 15 GRC/Ret su affusto da posizione collocati in barbetta.

Anche la bella cima del Monte Malamot (2914 m), raggiungibile con una strada militare lunga poco più di 7 chilometri, fu fortificata con batterie di appoggio e la Caserma Difensiva, edificata nel 1889 in prossimità della linea confinaria, allo scopo di prevenire un attacco di sorpresa e un possibile aggiramento delle fortezze dell'altopiano dal lato Lago Bianco e dalla Valle di Savine.

La Caserma Difensiva del Malamot, in una immagine ripresa dalle spie francesi (SHAT 7N, 1413, Mont-Cenis).

I grandi forti di sbarramento della piazza militare, invecchiati rapidamente, furono integrati dall'azione delle due batterie corazzate del Paradiso e del La Court, costruite fra il 1905 e il 1908, con l'installazione a pozzo, di nuovissima concezione, e casamatta metallica corazzata in forma di cupola girevole.

Anche la Piazza militare di Susa, pur essendo indipendente da quella del Moncenisio, concorreva alla difesa dello sbocco del valico, soprattutto nella malaugurata eventualità che l'altopiano cadesse nelle mani dell'invasore. La Piazza di Susa contava parecchie opere, ma di queste solo la Batteria Pampalù e le opere di Giaglione (Forte Combe, Batteria di Giaglione, Batteria e Caserma Difensiva di Santa Chiara, Batterie Passo Avanzà), anch'esse costruite tra il 1890 e il 1900, erano rivolte verso il Moncenisio, sbarrandone con tiri di interdizione gli sbocchi sui versanti della Valle Cenischia e della Val Clarea.

Alle batterie italiane i francesi avevano opposto i forti della Petite Turra e di Mont Froid, che, essendo a quota più elevata, potevano battere agevolmente le posizioni avversarie.

Il Forte Petite Turra, realizzato tra il 1891e il 1898 possedeva postazioni in caverna le cui cannoniere, aperte sul versante italiano, avevano buon gioco a tenere sotto tiro l'intero ripiano, l'Ospizio e il tracciato della strada statale italiana. Gli artiglieri avevano calcolato che i proietti dei cannoni del Petite Turra, sparati alla massima potenza, potevano, sfruttando il notevole dislivello esistente sul versante italiano, colpire obiettivi posti nella Val Cenischia e nelle immediate adiacenze di Susa.

Il Colle del Piccolo Moncenisio era invece controllato dal Forte Mont Froid, a quota 2800 metri, eretto dal 1897 al 1906. Il complesso aveva una batteria fissa, dotata di piazzole a terrapieno sostenute da murature di pietre a secco, difese da trinceramenti ed alcuni baraccamenti per il presidio ed i servizi.

Giugno 1940
Attacco alla Francia

A partire dagli anni Trenta la sistemazione difensiva del Moncenisio fu completamente rivoluzionata dalle imponenti realizzazioni del Vallo Alpino, l'estesa linea fortificata che il regime fascista e lo Stato Maggiore del Regio Esercito avevano voluto estendere su tutto l'arco alpino.[1]

I progetti, attuati tra il 1933 ed il 1939, svilupparono sul Moncenisio ben tre linee difensive: la prima e l'unica a venire effettivamente completata all'inizio del secondo conflitto, annoverava tra centri di resistenza, batterie in caverna, postazioni e ricoveri truppa, circa una sessantina di opere, distribuite su un fronte che, partendo dal Malamot, seguiva la cresta Pattacreuse fino ai Rivers, piegava per raggiungere Forte Varisello e il lago, risaliva sulla riva opposta dalla vecchia statale fino al Forte Roncia e alla cresta del Lamet.

Alle spalle della prima linea era previsto un parziale raddoppio all'altezza delle batterie La Court e Paradiso, mantenute ancora armate e in piena efficienza: le 18 opere progettate, da collocarsi tra la Gran Croce ed il Piano di San Nicolao, non furono però completate.

Anche la seconda sistemazione difensiva, sulla linea Punta Mulatera, Molaretto, Rocciamelone, per un totale di 34 opere, non superò la fase iniziale di scavo.[2]

Poco prima dello scoppio della guerra mondiale anche i francesi rinforzarono le loro posizioni sul Moncenisio: il Forte della Petite Turra fu richiamato in servizio ed armato con due cannoni

---

1 Per la storia del Vallo Alpino si veda M. Minola, O. Zetta, *Alpi inviolabili. Il Vallo Alpino fino alla Guerra fredda*, Susalibri 2022.

2 La descrizione completa delle opere del Vallo Alpino al Moncenisio si può trovare in M. Minola, O. Zetta, *Moncenisio. Battaglie e fortificazioni*, Susalibri 2007.

Carta con le operazioni del I Corpo d'Armata nella zona del Moncenisio-Bardonecchia 21-24 giugno 1940 (Ufficio Storico dello Stato Maggiore dell'Esercito, 1947).

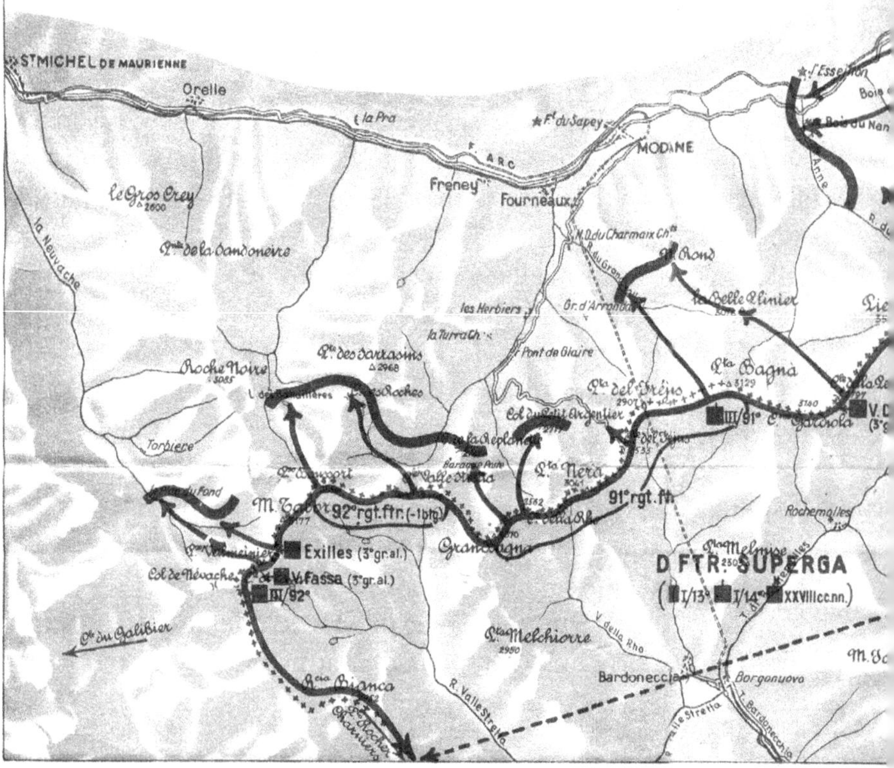

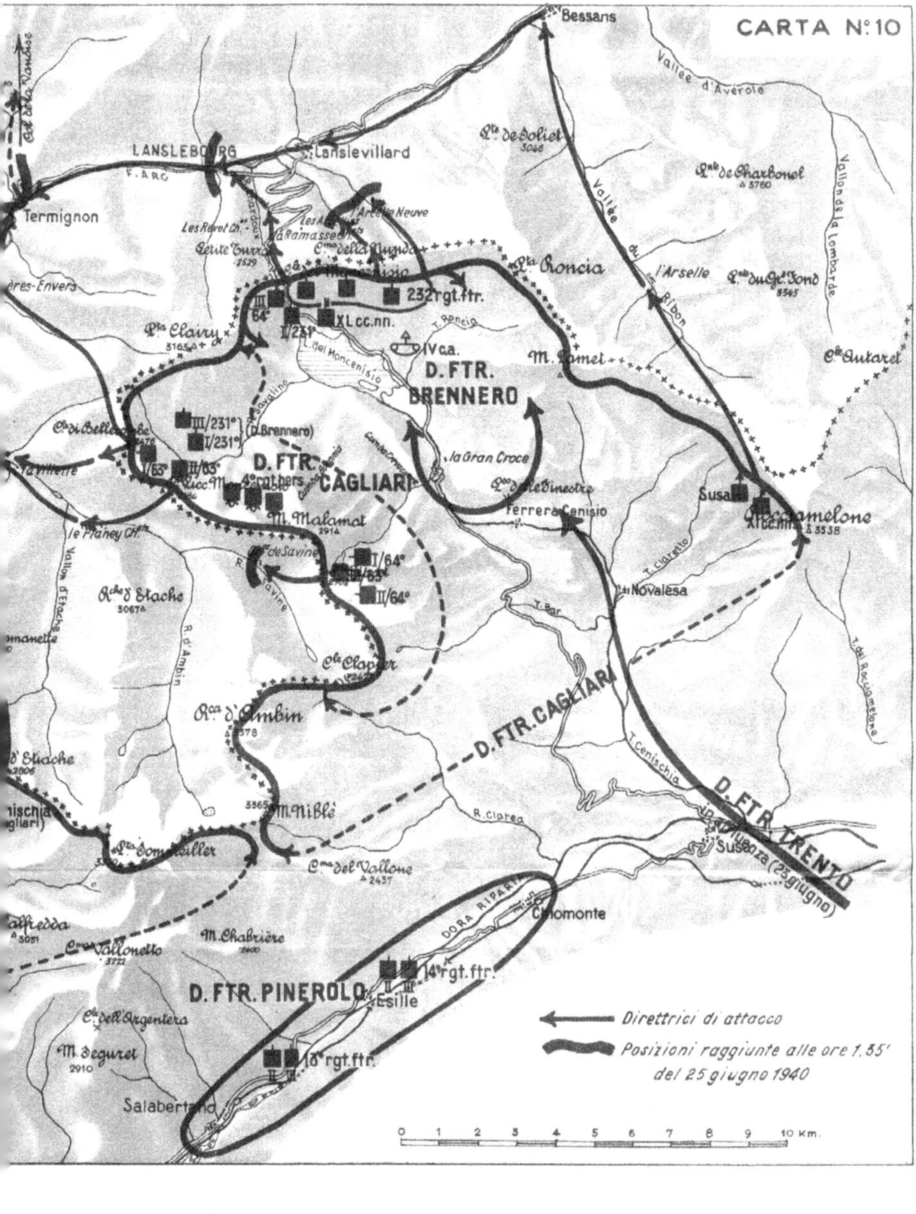
CARTA N.º 10
Bessans
Vallée d'Averole
Pte de Soliet
3046
Pte de Charbonel
3760
Vallon de la Lombarde
LANSLEBOURG
Lanslevillard
F. ARC
Termignon
Vallée du Ribon
l'Arselle
Pte du Gd Fond
3545
Pta Roncia
232 rgt. ftr.
XL cc.nn.
IV ca.
D. FTR.
BRENNERO
Pta Clairy
3165
M. Lamet
Cle Autaret
L. del Moncenisio
(D. Brennero)
D. FTR.
4° cp. bers.
CAGLIARI
la Gran Croce
Ferrera Cenisio
Susa
Rocciamelone
3538
le Planey Ch.
M. Malamot
2914
Vallon d'Etache
I/64°
II/64°
Novalesa
T. Claretto
T. Bar
R. d'Ambin
Cle Clapier
Rca d'Ambin
3378
D. FTR. CAGLIARI
T. Cenischia
M. Niblè
3365
R. Clarea
D. FTR. TRENTO
Susa
Venaus
Pta Sommeiller
Cma del Vallone
2437
Chiomonte
DORA RIPARIA
Valfredda
3051
M. Chabrière
2600
Cma Vallonetto
3722
14° rgt. ftr.
D. FTR. PINEROLO
Esille
Cle dell'Argentera
M. Seguret
2910
18° rgt. ftr.
Salabertano
Direttrici di attacco
Posizioni raggiunte alle ore 1,35' del 25 giugno 1940
0 1 2 3 4 5 6 7 8 9 10 Km.

a tiro rapido da 75, modello 1897, piazzati all'interno delle grandi casematte in caverna. Il forte era dotato inoltre di quattro mortai da 81 e di due mitragliatrici Hotchkiss. Il presidio fu portato ad ottanta uomini diretti dal tenente Prudhon, l'artiglieria dal tenente Chandesris.

Presso il valico furono realizzate due opere di avamposto, il complesso dei Revets e quello degli Arcellins: il primo, costruito tra il 1931 e 1936 dalla manodopera militare (MOM) sul versante nord est della Petite Turra, poco sopra l'alpeggio della Ramasse, comprendeva due casematte con mitragliatrici Hotchkiss in grado di battere la strada statale subito al di là del valico. Possedeva inoltre tre postazioni per fucile mitragliatore FM per proteggere la sezione d'ingresso e l'osservatorio. La guarnigione contava 23 uomini comandati dal sottotenente Cauvin.

Alle falde del monte Tomba si trovavano due opere che sbarravano il versante ovest del colle del Moncenisio: la postazione di Mollard aveva due casematte armate con una mitragliatrice Hotchkiss e un cannone da 25 mm che battevano le praterie al di sotto della strada nazionale. La postazione degli Arcellins, terminata solo pochi mesi prima del conflitto, possedeva un blocco unico (A2) armato con un cannone anticarro da 25 mm e una mitragliatrice Hotchkiss. Nel giugno 1940 queste opere erano occupate dalla 10ª compagnia del I/281° RI, comandata dal tenente Person. Sulla rotabile era stato completato uno sbarramento all'altezza dei Revets con estese fasce di reticolati e un campo disseminato di vecchi proietti da 120 mm adattati a mine. Il passaggio sul valico era interrotto da un fosso anticarro, preceduto da uno sbarramento di spezzoni di putrelle di acciaio infisse nel terreno.[3]

Al Mont Froid il vecchio forte era stato occupato dalla SES (Section d'Eclaireures Skieurs) del II battaglione del 281° RI

---

3 Per il sistema difensivo francese del Moncenisio si veda D. Gariglio, M. Minola, *Le Fortezze delle Alpi Occidentali*, L'Arciere, vol. I, Cuneo 1994.

(Régiment Infanterie) comandata dal sottotenente Bastide e dalla SES del I battaglione del 99° RIA (Régiment Infanterie alpine) del tenente Demarchi. Vi erano inoltre avamposti al col des Archettes e al passo della Beccia.

10 giugno 1940. Mentre Mussolini dal balcone di Palazzo Venezia stava ancora terminando il celebre discorso della dichiarazione di guerra, il generale francese Mer, Capo di Stato maggiore dell'Armata delle Alpi, dal quartiere generale di Valence ordinava di far brillare ponti, strade e rotaie lungo tutto il fronte delle Alpi, per impedire una eventuale azione delle unità corazzate italiane.

L'ordine tempestivo creò numerosi problemi per lo sfollamento dei residenti nella Valle dell'Arc, rimasti tra il confine e gli sbarramenti. La distruzione dei ponti di Lanslebourg e di Termignon e il divieto di circolazione dei mezzi di trasporto civili obbligò la popolazione ad allontanarsi a piedi o a dorso di mulo

Una compagnia di genieri italiani sulle rive del lago del Moncenisio.

attraverso i campi, per portarsi oltre la linea di resistenza incentrata su Modane.

Anche sul versante italiano si stava verificando la stessa situazione: l'alta valle di Susa e il Moncenisio furono presto evacuati, per lasciare campo libero alle truppe mobilitate.

Era una strana guerra quella che era appena iniziata. Mussolini, tramite il Comando supremo, aveva infatti ordinato di non sparare sul nemico e di mantenere «contegno assolutamente difensivo sia in terra, che in aria». Un atteggiamento un po' strano per un aggressore. Molto probabilmente era giustificato dagli evidenti limiti di preparazione dell'esercito e dall'opportunità di non intaccare il potenziale delle forze armate per consentire ad esse una più prolungata capacità di azione, visto che la loro autonomia logistica nei vari campi era valutata dagli organi responsabili in pochi mesi.[4]

Sulla frontiera con la Francia l'Italia schierò il Gruppo Armate ovest, al comando del principe Umberto di Savoia, per un totale di circa mezzo milione di uomini. La I Armata, comandata del generale Pintor, si schierò sul tratto di frontiera compreso tra il Mar Ligure ed il Monte Granero; la IV Armata, invece, al comando del generale Guzzoni, sul tratto fra il Granero ed il Monte Bianco. Anche se era stato impegnato un gran numero di truppe alpine, la maggior parte delle due armate era costituita dalla fanteria. Il gruppo disponeva anche di altre unità di appoggio: divisioni motorizzate, divisioni blindate e l'VIII Armata. Benché avesse la superiorità numerica rispetto al nemico, si trovava di fronte ad un indubbio fattore oggettivo costituito dalla difficoltà del terreno alpino, che favoriva nettamente i difensori. Dall'altra parte l'Armata francese delle Alpi, al comando del generale Olry, schierava un numero decisamente inferiore di uomini, circa 250.000; inoltre era composta per la maggior parte

4 M. Minola, *L'Italia entra in guerra. 10-25 giugno 1940 15 giorni che sconvolsero la Nazione*, Susalibri 2020, pag. 47.

da divisioni della riserva, certo non ben equipaggiate o addestrate come quelle che si battevano sul fronte settentrionale. Si rivelarono però ben determinate a perseguire un'azione difensiva, ritirando le truppe mobili degli avamposti al riparo dell'ottima cintura fortificata, lasciando solo alcuni avamposti nei pressi della frontiera, con l'ordine di resistere ad ogni costo.

I primi giorni di guerra passarono senza far registrare avvenimenti di rilievo.

Nel pomeriggio del 17 giugno al Moncenisio, i fanti italiani occuparono il Colle della Beccia e l'osservatorio alto della Nunda, mentre le artiglierie francesi dei forti aprivano il fuoco contro lo schieramento italiano. Per alcuni ufficiali e soldati si trattava del battesimo del fuoco: «Quel giorno mi trovavo alla Gran Croce ... Da poco erano passati il principe Umberto ed il generale Vercellino, saliti al Moncenisio per vedere come funzionava un fortino anticarro in fase di ultimazione, posto dove ora c'è la diga. Dotato di un nuovo tipo di cannone, doveva servire a sbarrare la via ad un'eventuale avanzata dei carri francesi. Non fu però mai possibile renderlo operativo. Le sollecitazioni dovute ai tiri di addestramento degli artiglieri che dovevano prendervi servizio lo misero subito fuori uso; eressero poi tutt'intorno una palizzata per nasconderlo alla vista della gente ... Mentre si stava parlando sentii fischiare sopra di noi un colpo sparato dal Petite Turra. Dal forte avevano avvistato i soldati che stavano salendo e allora si misero a sparare ... Con noi c'erano degli impresari edili impegnati nelle costruzioni militari. Ci riparammo in una galleria dietro alla Gran Croce».[5]

Intanto sul fronte nord occidentale, le truppe tedesche, una volta presa Parigi, dilagavano nel territorio francese incontrando scarsa resistenza. La fine delle ostilità sembrava ormai vicina. Alla luce dei nuovi avvenimenti Mussolini, temendo di

5 A. Berardi in S. Sacco, *1940. Guerra con la Francia: fronte del Moncenisio*, in "Laboratorio di Ricerca", 1996.

Reparti di bersaglieri motociclisti sulla strada statale 25 del Moncenisio.

rimanere senza la possibilità di avanzare richieste territoriali, ordinò di preparare un'offensiva generale per penetrare in profondità nel territorio nemico, contando, secondo quanto affermavano le fonti dei servizi di informazioni, su una prossima caduta della Francia e sulla ritirata dell'Armata delle Alpi.

La preparazione dell'offensiva nel Settore Moncenisio-Bardonecchia era stata affidata al 1° Corpo d'Armata comandato dal generale Carlo Vecchiarelli. L'obiettivo immediato prevedeva di interrompere la Valle dell'Arc all'altezza di Saint-Michel-de-Maurienne, superando lo schieramento francese con una serie di manovre avvolgenti, affidate a piccole colonne pronte a sboccare da tutti i valichi. Una di queste, partendo dal ghiacciaio del Rocciamelone doveva scendere lungo la Valle del Ribon fino a Bessans, per poi dirigersi su Lanslebourg, ai piedi della rotabile del Moncenisio.

Al centro doveva concentrarsi l'azione principale. Dal Colle del Piccolo Moncenisio e dal Col Giaset, i battaglioni della divisione Cagliari dovevano convergere nel Vallon d'Ambin per calare quindi nei pressi di Bramans.

I Corpo d'Armata (gen. Vecchiarelli) dal Rocciamelone a Bardonecchia	Divisione fanteria Brennero Divisione fanteria Cagliari Divisione fanteria Superga Battaglione alpino Susa Battaglione alpino Val Cenischia XI Battaglione Camicie Nere

L'ordine di battaglia del I Corpo d'Armata al Moncenisio il 10 giugno 1940.

A sinistra, dal Col d'Etiache, il battaglione alpini Val Cenischia, alle dipendenze della Divisione Cagliari, avrebbe fiancheggiato la colonna di centro, calando ad occidente di Bramans, di fronte alle fortificazioni dell'Esseillon. Il III battaglione del 64° fanteria, assieme a due compagnie della Guardia alla Frontiera avrebbe dovuto impegnare frontalmente le opere fortificate francesi che battevano la statale del Moncenisio.

Di fronte al 1° Corpo d'armata vi era la 66ª Division d'infanterie (gen. Boucher), con il 281° ed il 343° Regiment d'infanterie, la 30ª Demi-brigade de forteresse (71°, 81° e 91° Bataillon alpin de forteresse BAF), il 530° Groupe de reconnaissance de division d'infanterie e sette SES (Section d'Eclaireures Skieurs) L'artiglieria era rappresentata da sei gruppi appartenenti al 9° Regiment d'artillerie e ai 114° e 209° Regiment d'artillerie lourde, oltre le batterie dei forti. In totale circa 90 pezzi.

Alle prime ore del 21 giugno 1940 partì l'offensiva. Sul Moncenisio le operazioni iniziarono nel primo pomeriggio, precedute dal tiro di preparazione dell'artiglieria, concentrato sulle posizioni fortificate avversarie. La prima a muoversi fu la colonna del maggiore degli alpini Costantino Boccalatte, formata dal battaglione alpino Susa e dall'XI battaglione Camicie nere che doveva aggirare il passo scendendo nella Vallée du Ribon dal ghiacciaio del Rocciamelone. Nel suo movimento la colonna era appoggiata da una batteria di obici da 75/13 collocata alla Crocetta del Rocciamelone (3306 m) e da una batteria simile, trasportata con immani difficoltà, presso la vetta del Monte Lamet (3505 m).

Il battaglione, con una sfibrante marcia di dodici ore superò il ghiacciaio e attraverso il Colle Ribon scese nella valle senza praticamente incontrare resistenza. Infatti il comando francese, appena individuata con stupore la colonna avversaria che calava dalla Val Ribon, aveva dato ordine alla SES del 47° bataillon chasseurs alpin di stanza a Bessans di ripiegare. Così non fu neanche necessario richiedere l'intervento delle batterie da montagna del Lamet-Rocciamelone.

Nella notte la colonna Boccalatte sostò agli Chalets de l'Arcelle, poi continuò la marcia indisturbata verso Bessans, raggiunta il giorno successivo. La manovra, dal valore più alpinistico che bellico, suscitò l'ammirazione degli organi di stampa e lo stupore degli stessi ufficiali francesi che, non credendo possibile che gruppi di una certa entità potessero scendere da una zona così impervia, non avevano rafforzato la sorveglianza verso quel settore: «Un ufficiale francese ... ha affermato che tutto si sarebbe aspettato fuorché quello di vedere scendere una colonna per la valle del Ribon dal ghiacciaio del Rocciamelone ... i francesi escludevano nel modo più assoluto che truppe di una certa entità potessero scendere dal Rocciamelone e così forzare i passaggi per sboccare nella Valle dell'Arc ... erano convinti che la mia colonna fosse dei loro, e questa è la ragione per cui nessuno ha aperto un violento fuoco su di noi, nemmeno il forte Petite Turra che probabilmente deve essere stato ingannato anch'esso sulla nostra identità».[6]

---

6 M. Minola, *L'Italia entra in guerra cit.*, pag. 94.

I reparti italiani avanzano lungo i tornanti delle Scale del Moncenisio.

Nel frattempo iniziava l'offensiva della Divisione Cagliari, i cui reparti erano dislocati in diverse posizioni di partenza: da destra, al Col di Bellecombe il I/63°, al Piccolo Moncenisio il II/63°, al Col Giaset il III/63° con il I e il II/64° alle spalle; all'estrema sinistra, sul Col d'Etache, tra la Pierre Menue e Punta Sommeiller, il battaglione alpino Val Cenischia.

«All'inizio di giugno - ricorda Mauro Sibille - la mia compagnia, la 235ª, della quale comandavo un plotone di 44 uomini, passando dalla Val Clarea, salì alle Grange Valentino, dietro i Quattro Denti di Chiomonte, mentre il comando di battaglione si insediava al Rifugio Vaccarone, presidiato dalla 50ª batteria del gruppo artiglieria alpina "Val Chisone". Sul crinale che va da Punta Ferrand a Rocca d'Ambin era appostata da tempo la nostra batteria d'accompagnamento da 73/13, comandata dal tenente Gloria, mentre quelle della 234ª e della 236ª compagnia erano schierate rispettivamente nella zona dei Denti d'Ambin e del Giusalet».[7]

Per aggirare l'ostacolo delle fortificazioni che battevano il tracciato della statale occorreva avanzare nel vallone d'Ambin. Da questa parte le forze avversarie erano decisamente più deboli e si affidavano anche ad alcuni fantasiosi stratagemmi: basti pensare che la protezione di artiglieria era in realtà costituita da grossi tronchi d'albero che sostituivano i cannoni autentici, inviati sul fronte nord occidentale.

Ben sei degli otto battaglioni che costituivano la divisione italiana Cagliari scesero il 21 giugno nel vallone d'Ambin dai valichi di Bellecombe, Piccolo Moncenisio e Col Giaset. La colonna incontrò forte resistenza su entrambe le ali, soprattutto nell'attacco al Forte Mont Froid e in Val de Savine. Il vecchio forte francese, privo di artiglieria, era stato occupato dalla SES del II battaglione del 99° RIA comandata dal tenente Demarchi, armata con tre fucili mitragliatori (FM) e due mitragliatrici di reparto.

---

7 Ibidem, pag. 95.

I fanti italiani si presentarono alle 11,30 in due colonne, una diretta al Colle Sollières, l'altra marciante in direzione del Colle Bellecombe. Il fuoco proveniente dal Mont Froid bloccò subito l'avanzata: il comandante italiano richiese l'intervento dell'artiglieria che aprì il fuoco contro il forte alle 12, andando avanti per quasi un'ora. Quindi dal Colle Sollières una compagnia del I/63° andò all'attacco della posizione francese, incontrando la vivace resistenza degli occupanti. Lo sbarramento del fuoco avversario e il fallimento di una diversione portata dal lato del Colle d'Archettes costrinse i fanti italiani ad arretrare e a mantenersi per tutto il pomeriggio sulle posizioni iniziali, scambiando diverse salve di fucileria contro i francesi attestati sul Mont Froid.

Stessa sorte toccò anche al III/63° che partiva dal Col Giaset, ma che fu fermato dalla tenace reazione della SES del III/99° RIA dell'aiutante Mollard in posizione a Casse Blanche, ai piedi della parete rocciosa a strapiombo sulla confluenza tra i torrenti Ambin e Savine.

I migliori successi furono conseguiti sulla direttrice centrale dopo aver superato un campo minato in prossimità del Piccolo Moncenisio. Si combatteva duramente alle Grange Savine e ai piedi delle pareti che chiudono i valloni del rio d'Ambin. Alle 22 del 21 giugno le avanguardie segnalavano di aver già raggiunto la borgata di Planey, a metà del percorso, dove raccoglievano i primi prigionieri francesi. Si trattava per lo più di soldati di un reparto del 281° RI che ritirandosi combattendo si erano dispersi nei fitti boschi di conifere.

La rottura dello schieramento francese convinse il colonnello Roussel, da cui dipendeva la zona, a ritirare tutti i reparti dislocati nell'alta Valle dell'Arc, eccetto i presidi delle fortificazioni, al riparo della linea di resistenza che si trovava a cavallo dei forti dell'Esseillon, a monte di Modane.

Man mano che si ritiravano i francesi facevano saltare tutti i ponti sull'Arc a Termignon, a Bramans e a Sollières; l'ultimo a saltare per aria fu il Pont du Nant, presso la ridotta Maria Teresa de L'Esseillon, a pochi chilometri da Modane. La ritirata francese consentì al 63° fanteria della Cagliari di occupare, vincendo le ultime resistenze dei plotoni delle SES, il villaggio di Bramans alle 10 del 22 giugno.

Più a sinistra il battaglione alpino Val Cenischia avanzava nella tormenta verso nord dal Col d'Etiache raggiungendo il Col Bramanette a tarda notte: «Il cielo è molto scuro ... gli alpini si arrampicano con le mani, le ginocchia, i piedi e finalmente riescono a superare il vallone di Bramanette ... sfiniti alzano le tende in piena notte ... ma quando tutto è pronto e stanno per andare a dormire, contrordine ... le tende sono ripiegate e il battaglione riprende la marcia nella neve, bisogna scendere nel vallone di Bramans».[8]

Il 22 giugno le compagnie proseguirono lungo la Longe Côte, sotto l'intenso fuoco delle artiglierie francesi che avevano individuato l'azione avversaria: «Il mattino del 22 riprendemmo la marcia, assieme alla 236ª compagnia, lungo le pendici di Longe Côte in direzione di Bramans, mantenendoci sempre al coperto. Dall'alto si sentivano esplodere i colpi sparati sulla Cagliari dall'artiglieria dei forti ... Il 23 marciammo per tutto il giorno sotto una pioggia battente. L'ordine era di fiancheggiare a sinistra il 63° fanteria della divisione Cagliari che da Bramans, che aveva occupato, puntava su Modane. Passati i Chalets di Bramanette ci inoltrammo nel Bois de la Baime, in direzione dell'Esseillon».[9]

Per tutta la giornata del 23 le avanguardie del Val Cenischia e del 63° fanteria Cagliari avanzarono in direzione di Modane. La sera dello stesso giorno, nonostante le numerose perdite subite, la Cagliari e il Val Cenischia, raggiunsero la sponda sinistra dell'Arc in prossimità del distrutto Pont du Nant, di fronte all'Esseillon, entrando in contatto con l'azione delle fortificazioni di Modane. Dall'opera Maginot di Saint Gobain e dai forti

---

8 M. Minola, *L'Italia entra in guerra cit.*, pag. 98.

9 Ibidem, pag. 98.

Replaton e Sapey di Modane iniziò un costante bombardamento che bloccò l'avanzata della colonna: «Nel tratto di avvicinamento fummo presi di mira dalle artiglierie dei forti francesi: non c'era scampo, i sentieri erano impercorribili. Camminavamo fuori sentiero tra arbusti bagnati e scivolosi, carichi e bagnati fradici, inseguiti costantemente dalle cannonate ... una compagnia di artiglieria someggiata stava scendendo con muli, armi e bagagli. I cannoni francesi spararono simultaneamente su quella serpentina. Non un solo colpo fallì il bersaglio. I muli sventrati o impazziti rotolavano con il loro carico per i dirupi; vedevo scene di disperazione tra gli artiglieri feriti e morti».

Il generale Vecchiarelli aveva nel frattempo ricevuto l'ordine dal Comando supremo, convinto che le difese nemiche più prossime stessero per crollare definitivamente, di aprire ad ogni costo la strada del Moncenisio. Per raggiungere tale scopo ordinò alla divisione Brennero di salire in prima linea. L'informazione diramata dal comando secondo la quale le truppe francesi si erano ritirate sulla linea di resistenza a valle di Modane era vera; ma ai ricognitori era sfuggito il fatto che tutte le opere fortificate del Moncenisio fossero ancora presidiate con l'ordine di resistere ad oltranza, anche se aggirate.

La divisione Brennero, dopo una lunga preparazione di artiglieria che occupò tutta la mattinata del 21 giugno, tentò lo sfondamento lungo la rotabile con alcuni attacchi a sorpresa, ma senza successo. Visti vani questi sforzi, il comando della IV armata richiese il concorso dell'aviazione da bombardamento, che però non venne concesso.

I fanti italiani, forti della relativa sicurezza di non incontrare grandi difficoltà, marciavano sicuri, mantenendosi in fila. Si rivelò quindi molto semplice per i francesi, attestati nelle opere fortificate, aprire il fuoco delle mitragliatrici sugli attaccanti.

L'azione combinata delle armi delle opere Turra e Revets fu talmente energica da fermare subito l'avanzata delle truppe italiane verso la sella del valico; le perdite risultarono così numerose che si rese necessaria, già al termine della giornata, la sostituzione del battaglione di fanteria e della compagnia della Guardia alla Frontiera che avevano condotto l'attacco.

Il ruolo svolto dal forte Petite Turra nel fermare l'offensiva italiana fu rilevante. Il 21 giugno i suoi due pezzi da 75 avevano bersagliato i reparti italiani che, partiti dalla zona attorno al Regio Ricovero n. 11, avanzavano lungo la cresta del monte Tomba, costringendoli a ritirarsi rapidamente. Stessa sorte era toccata pure ad un reparto del XVI battaglione bersaglieri ciclisti, sorpresi nei pressi della Gran Croce dal fuoco dei cannoni da 75 del Turra. Contro il forte francese entrò in azione l'artiglieria italiana, con i cannoni da 149/35 della Batteria Paradiso e della vicina Batteria La Court, supportati da altri pezzi della batteria schierata al Passo delle Finestre. Più di cinquecento proietti furono indirizzati contro le cannoniere dei 75. Che non ebbero però nessun danno, in quanto i pezzi erano riparati dalla notevole massa rocciosa della casamatta in caverna. Per ironia della sorte fu l'artiglieria francese a recare i maggiori danni al forte: il tiro di appoggio dei due cannoni da 95 mm piazzati a

L'opera di avamposto francese Les Arcellins fu l'unica a venire presa dagli arditi della Guardia alla Frontiera *(Archivio Stato Maggiore dell'Esercito, Roma).*

Termignon risultò infatti troppo corto, tanto che i proietti finirono contro la cortina del forte Turra, recidendo i cavi telefonici che permettevano alla batteria di mantenere il collegamento con i comandi del fondovalle.

Alle 13 del 21 giugno l'artiglieria italiana spostò il suo fuoco contro il Rifugio 22, al rovescio del Colle sulla strada nazionale, il blocco A2 degli Arcellins e l'opera dei Revets. Per il presidio di quest'opera si trattava del battesimo del fuoco, ma l'ottima protezione delle gallerie in caverna e dei blocchi di calcestruzzo evitò qualsiasi danno. Il sottotenente Cauvin, raccontò in seguito le sensazioni provate durante il bombardamento dei forti italiani: «L'opera non è stata toccata dai proietti, sebbene le esplosioni abbiano provocato delle vibrazioni impressionanti. Ogni volta le lampade a petrolio venivano spente dallo spostamento d'aria. La situazione era terribile, sembrava di essere stati sepolti vivi. Nonostante questi inconvenienti il calcestruzzo ha dato un senso di protezione».[10]

Alle 18,30, terminato il tiro di preparazione, i fanti del III/64° reggimento sboccarono dalla frontiera marciando in colonna sulla strada. I francesi li osservavano dalle feritoie dei Revets, lasciandoli avanzare. Poi aprirono il fuoco sugli assalitori, che si gettarono subito a terra nei fossati che precedevano l'opera. I pezzi italiani tempestarono nuovamente i Revets, poi seguì un nuovo attacco di fanteria. Anche questo però, come il precedente, fallì e i soldati italiani dovettero ripiegare oltre la linea di frontiera.

Alle 3 di mattina del 22 giugno il Petite Turra fu nuovamente bombardato, anche con l'intervento delle batterie da 149/35 della GaF piazzate nei boschi di Saluroglio, non lontano da Bar Cenisio. Sei ore di fuoco ed il lancio di oltre mille granate servì per ridurre in macerie i baraccamenti esterni della fortificazione, ma non le sicure casematte ricavate nella roccia.

10 M. Minola, *L'Italia entra in guerra cit.*, pag. 100.

Un carro L3/35 colpito dall'artiglieria francese nei pressi del valico.

Alle 5,30 il fuoco si spostò sugli altri obiettivi, in particolare sulle casematte dell'opera Revets.

Il massiccio tiro di artiglieria preparò un primo assalto delle fanterie italiane, proveniente dal versante nord est del Laro, il monte che domina il forte Petite Turra: «Verso le 14 le sentinelle danno l'allarme. Gli italiani approfittando della nebbia sono riusciti ad avvicinarsi fino al forte. A questo punto la guarnigione si piazza alle feritoie e sui parapetti per fronteggiare gli attaccanti da ambo i lati.

Viene così a mancare la sorpresa; il nemico deve rinunciare all'impresa e ritirarsi».[11]

Alle 8 del 22 giugno gli osservatori francesi avevano avvistato una dozzina di carri L3/35 del IV battaglione Raggruppamento celere della divisione Brennero avanzare sulla strada del Moncenisio presso il Regio Ricovero n. 17, dove c'era il posto di controllo dei Reali Carabinieri.

Il piccolo carro armato Fiat-Ansaldo L3/35, da 3,3 tonnellate, era armato con due mitragliatrici binate Fiat 35 o Breda 38; l'equipaggio era di due uomini (pilota e mitragliere), protetti da corazzature frontali di 13,5 mm e laterali da 8,5 mm. Nonostante le buone doti di velocità, il mezzo apparve subito inadeguato a sopportare il micidiale fuoco delle batterie difensive o dei nuovi pezzi anticarro.

Quattro carri si staccarono dal gruppo, proseguendo ben allineati a tutta velocità in direzione dei Revets e del campo minato, peraltro ben visibile, al centro della rotabile. Giunto di fronte allo sbarramento il primo carro sembrò esitare un istante, poi avanzò con decisione. Qualche metro di corsa, il tempo di finire su una mina e, con una tremenda esplosione, rovesciarsi su se stesso, piombando nel fossato che tagliava lo sbarramento. Mentre gli altri carri si ritiravano rapidamente, bersagliati dalle raffiche delle mitragliatrici dei Revets, dalla carcassa del carro uscì sconvolto il sottotenente Paino, col volto insanguinato: tentò di estrarre dalle lamiere il suo pilota con l'aiuto di un sottufficiale della GaF, ma ormai l'uomo era morto.

11 M. Minola, *L'Italia entra in guerra cit.*, pag. 101.

Alle 21 di sera, approfittando della nebbia, fu rinnovato un attacco al Turra partendo dal Colle della Beccia. L'offensiva andò però quasi subito incontro al fallimento, con il ripiegamento dei fanti sulle posizioni di partenza.

Migliore sorte ebbero le azioni contro le altre opere fortificate del Moncenisio. Alle 15 del 22 giugno due plotoni di arditi della 2ª compagnia della Guardia alla Frontiera attaccarono di sorpresa il blocco A2 dell'opera di avamposto di Les Arcellins. Gli attaccanti, provenienti dalla posizione dominante dell'Ouillon des Arcellins, avanzarono in due sezioni: la prima sezione, a sinistra, marciò direttamente per bloccare l'entrata; la seconda effettuò un lungo giro, portandosi sulla destra dell'opera per impadronirsi della zona di competenza in modo da evitare un contrattacco o una sortita dei difensori. Una terza sezione seguì la prima, ripulendo il terreno dietro di essa. L'attacco di sorpresa permise agli assalitori di giungere a ridosso delle pareti del blocco di calcestruzzo senza farsi notare dal piccolo presidio: dentro l'opera c'erano un sergente e tre uomini del 281° RIA che, forse per un sinistro presentimento, avevano richiuso la porta corazzata della casamatta qualche istante prima dell'attacco. Tuttavia ne avevano lasciato aperto un piccolo spiraglio attraverso il quale il sottotenente Guglielmi riuscì a lanciare all'interno dell'opera due bombe a mano. Altre bombe, tirate nelle feritoie, neutralizzarono in pochi secondi l'efficienza delle armi della fortificazione. Qualche minuto più tardi dallo spiraglio apparve un drappo bianco: i francesi aprirono lentamente la porta corazzata, arrendendosi agli arditi. Stessa sorte subì l'opera di Mollard.[12]

Da questo momento i fanti italiani, con il favore della nebbia o dell'oscurità, erano in grado di aggirare il passo dalle pendici del monte Tomba e di scendere verso Lanslebourg. Ciò non era però possibile di giorno o attraverso la strada nazionale

12 *L'assalto e la conquista di talune opere fortificate al fronte alpino occidentale*, "Rivista di Fanteria", 10, (1940).

perché l'area era tutta sotto l'azione delle armi del Petite Turra e dei Revets che, sull'altro lato della strada, rimanevano intatte e neppure scalfite dai pesanti bombardamenti di artiglieria che avevano subito.

Il 23 giugno scattò un altro attacco italiano diretto al Petite Turra, ma l'azione dell'artiglieria francese lo fece nuovamente fallire. Nel pomeriggio, durante una schiarita, i mezzi cingolati italiani L3/35 tentarono nuovamente di forzare il passaggio sulla rotabile del Moncenisio. L'artiglieria francese inquadrò la colonna motorizzata e aprì il fuoco sulle posizioni già preparate. Il tentativo abortì quasi subito, con perdite ingenti.

Intanto il forte francese fu nuovamente bersagliato dal tiro dei medi calibri italiani e dalle batterie corazzate.

Un carro L3 ed alcuni fanti valicano la frontiera del Colle dopo la resa francese.

Questa volta il bombardamento provocò seri danni alle strutture esterne, con la distruzione dell'osservatorio d'artiglieria, del posto comando e degli alloggiamenti. Alle 2,45 del 24 giugno il tiro incrociato delle batterie del Paradiso e del Malamot aprirono tre grosse brecce nelle muraglie, abbattendo il traliccio dell'antenna radio. I duemila proietti sparati dai pezzi italiani preludevano un altro attacco, che si scatenò all'alba del 24 giugno. Mitragliatori, bombe a mano, mortai aprirono il fuoco contro il forte da distanza ravvicinata.

I fanti italiani mossero all'assalto calando dalle pendici del Laro, sotto il tiro intenso dei difensori dell'opera, coadiuvato dall'azione dell'artiglieria francese del fondovalle, che colpiva tutta l'area attorno alle fanterie italiane. L'attacco venne sospeso e sostituito, verso mezzogiorno, dal tiro dei forti italiani, che aprì altre brecce nelle mura perimetrali della fortezza e sulla roccia attorno alle cannoniere.

Dopo gli iniziali successi conseguiti nei primi due giorni di battaglia la situazione era in fase di stallo. La divisione motorizzata Trento, che manteneva in avanguardia il IV battaglione del 1° fanteria carrista per appoggiare l'azione della Brennero, era ferma per l'impossibilità di sbloccare la rotabile. Nei precedenti tentativi i carri L 3/35 del battaglione avevano riportato seri danni a causa dell'azione dei cannoni e dei mortai da 81 francesi e dell'opera Maginot d'avamposto dei Revets che, con due massicci malloppi di calcestruzzo, armati con mitragliatrici Hotchkiss, batteva i tornanti della rotabile fino al valico. Contro quest'opera, difesa da un presidio di venticinque uomini, furono vani i reiterati tentativi di attacco delle fanterie italiane, sempre bloccati dal fuoco delle mitragliatrici dei due blocchi all'altezza dei reticolati.

Il 24 giugno, dopo aver fallito diversi assalti, alcuni elementi del 232° fanteria impiegarono i proietti perforanti dei cannoni anticarro da 47/32, cercando di imboccare frontalmente le aperture delle feritoie dell'opera. Una dozzina di fanti italiani risalì il ripido versante, piazzando una mitragliatrice pesante ad un centinaio di metri da un blocco dei Revets. La pattuglia, sebbene disturbata dalle granate di mortaio lanciate dall'alto del Petite Turra, sparò diverse raffiche sulla casamatta, ma non riuscì a proseguire nella sua azione.

Nel corso di questo assalto cadde il sottotenente Guerrino Iezza, alla testa del suo plotone del 232° fanteria impegnato nell'attacco ai Revets. Gli fu concessa la Medaglia d'oro al Valor militare alla memoria.

Il 24 giugno il battaglione Susa e i battaglioni di fanteria che erano riusciti a penetrare nel territorio avversario completarono l'occupazione dei villaggi. Le due opere fortificate Petite Turra e Revets, pur resistendo ad oltranza bloccando il transito sulla rotabile, erano ormai tagliate fuori.

Ciò nonostante, in direzione di Modane, l'avanzata italiana era bloccata all'altezza dell'Esseillon dall'azione di fuoco delle opere Maginot. Gli sforzi italiani si erano fermati sull'impervio vallone del rio Saint-Anne, a livello del Ponte du Nant, interrotto dai francesi in ritirata: «All'alba del 24, dopo aver trascorso la notte all'addiaccio, fradici di pioggia, riprendemmo l'avanzata verso il rio Saint-Anne. Nell'attraversare il Bois du Nant fummo individuati da una pattuglia nemica, che via telefono segnalò la nostra posizione all'artiglieria dei forti. Infatti di lì a poco erano circa le 6 del mattino fummo sottoposti ad un furioso bombardamento che durò fino alle 14 del pomeriggio. Nonostante le bombe, che ci inflissero gravi perdite (16 morti e 40 feriti), andammo avanti e a tarda sera ci affacciammo al rio Saint-Anne».[13]

Erano le ultime ore della battaglia delle Alpi. L'armistizio era stato firmato alle 19 del 24 giugno. A mezzanotte dovevano cessare le ostilità.

Alle 21 del 24 giugno, poche ore prima delle fine delle operazioni, le artiglierie nemiche, con una furia che lasciò allibiti

13 M. Minola, *L'Italia entra in guerra cit.*, pag. 105.

i soldati italiani, scatenarono un bombardamento senza precedenti con tutti i pezzi disponibili. Alcuni proietti sparati alla massima potenza dai cannoni da 340 sistemati su carri ferroviari a Forneaux presso Modane, colpirono Susa e Meana, provocando morti e feriti. Esattamente all'1,35, come previsto dalle condizioni d'armistizio, il silenzio tornò a regnare sul pianoro del Moncenisio.

Le azioni belliche erano terminate, ma non per i difensori delle opere Turra e Revets che rimasero asserragliati nelle fortificazioni in attesa di ordini. Poche ore dopo le truppe italiane ebbero il libero transito sulla rotabile, iniziando a sminare e a togliere gli ostacoli per consentire il passaggio agli autocarri e ai carri L3/35 di scendere verso Lanslebourg. La consegna delle fortificazioni francesi avvenne il 1° luglio, quando i due presidi deposero le armi per rientrare nei loro reparti a Modane, sfilando di fronte ad un plotone di fanti italiani che rese loro gli onori militari.

Il Colle del Moncenisio, trovandosi nella zona di occupazione italiana prevista dalle condizioni di armistizio, fu riaperto al traffico civile. I reparti italiani smobilitarono nel corso del mese di luglio, per rischierarsi ben presto negli altri fronti di guerra.

Ancora guerra
Dall'8 settembre alla Liberazione

La sera dell'otto settembre 1943 dalle stazioni radio dell'EIAR, l'Ente Italiano per le Audizioni Radiofoniche, la voce del Capo del Governo, Pietro Badoglio, lesse il suo celebre proclama: «Il governo italiano, riconosciuta la impossibilità di continuare l'impari lotta contro la soverchiante potenza avversaria ...». Era l'annuncio dell'armistizio che, nel giro di pochi giorni, precipitò l'Italia nel caos, con gli alleati che sbarcavano a Salerno e i tedeschi che dilagavano in tutto il Nord del paese.

I primi episodi di resistenza agli occupanti tedeschi si verificarono in Valle di Susa, proprio nei primi giorni di settembre, ed ebbero come teatro proprio il Colle del Moncenisio. Il territorio era stato affidato al controllo della divisione alpina Pusteria, che poteva contare sul XX Raggruppamento Sciatori, su tre battaglioni alpini, e su altre unità minori.[1]

La notizia dell'armistizio fra l'Italia e le potenze alleate fu captata anche dal Comando Supremo delle truppe tedesche. Alle 20,20 il generale Georg von Sodenstein, comandante della 19ª Armata tedesca, ricevette l'ordine di attuare il piano "Achse", per controbattere la prevedibile uscita dell'Italia dalla guerra, neutralizzare le sue forze armate ed occupare militarmente la penisola.

La fulminea reazione tedesca comportò improvvise irruzioni in tutti i presidi italiani. Nel pomeriggio dell'8 settembre i tedeschi, pur disarmando gli alpini del battaglione Trento alla stazione di Modane, li lasciarono liberi. Molti, con la speranza di non essere catturati, si avviarono verso il confine del Moncenisio. Nella notte i tedeschi stabilirono un posto di blocco a Lanslebourg per

1 Cfr. M. Torsiello, *Le Operazioni delle Unità Italiane nel settembre-ottobre 1943*, Ministero della Difesa, Stato Maggiore dell'Esercito, Ufficio Storico, Roma, 1975.

rastrellare i nuovi nemici che tentavano di raggiungere il colle. Solo chi abbandonò la strada per i numerosi sentieri, riuscì a raggiungere senza grossi problemi la frontiera e a unirsi con le truppe italiane che presidiavano ancora la linea confinaria.

Al Moncenisio era schierato il battaglione alpini sciatori Moncenisio appartenente al XX Raggruppamento Sciatori, al comando del tenente colonnello Giovanni Gramaglia, mentre le principali opere fortificate erano presidiate dagli artiglieri della Guardia alla Frontiera (IX Settore).

Gramaglia aveva ordinato ai reparti l'ordine di reagire immediatamente ad ogni atto di ostilità.

Nella mattinata del 9 un ufficiale tedesco raggiunse il comando italiano per trattare, chiedendo il disarmo dei fanti italiani, l'abbandono delle opere fortificate e il libero transito per calare in Valle di Susa. La richiesta venne respinta. Un secondo tentativo di avvicinamento fu respinto con qualche raffica di mitragliatrici della 101ª compagnia. Nel pomeriggio si perfezionò lo schieramento del battaglione, preparando riservette di munizioni e distribuendo ai soldati un rancio caldo di ripiego: «Verso le 22,30 – narrò nella relazione il Gramaglia – un ufficiale tedesco, approfittando della nebbia, si portò a circa 60 metri dallo sbarramento anticarro, controllato dal tenente Bonzo; mentre una voce gridava: - Non sparate. Sono un ufficiale italiano prigioniero dei tedeschi; hanno le baionette puntate alle mie spalle. Il comandante tedesco desidera parlare con un ufficiale italiano. Il tenente Bonzo rispose: - Vengano avanti soltanto l'ufficiale italiano, il tedesco e un interprete».[2]

Mentre gli ufficiali trattavano, i tedeschi, avvalendosi del buio, tentarono di avanzare per aggirare le posizioni italiane: «Un nostro nucleo di sicurezza avanzata mandò a riferire al tenente Bonzo che erano stati avvistati circa quaranta tedeschi che si

2 Rapporto del tenente colonnello Gramaglia in E. Scala, *Storia delle Fanterie Italiane*, XI, Gli Alpini-2, Stato Maggiore dell'Esercito, Roma, 1955, pag. 579.

avanzavano cautamente, con l'evidente intenzione di tentare un colpo di mano. Il tenente troncò allora bruscamente il colloquio col tedesco, intimandogli di ritirarsi e dicendogli che, se non si fosse attenuto all'intimazione, avrebbe iniziato il fuoco».

Dietro al parlamentare era comparsa nella nebbia una colonna motorizzata, della forza di tre compagnie, preceduta da autoblinde che marciavano a motore spento. La lotta esplose subito, sostenuta dall'intenso fuoco di mitragliatrici delle opere fortificate e dei mortai sistemati nei pressi della barriera anticarro dell'Ospizio: «Il comando fuoco venne dato subito alle prime due squadre della 102ª compagnia, che riuscirono ad immobilizzare e a catturare un'autoblinda; mentre i tedeschi, balzati dagli autocarri, aprivano il fuoco sui nostri reparti».[3]

La squadra mitraglieri della 101ª compagnia del Moncenisio, sottoposta a raffiche di cannoncino antiaereo, fu costretta a ripiegare su uno sperone di roccia, dal quale riprese a far fuoco e a passare al contrattacco. I tedeschi, vista la resistenza degli alpini, cercarono di rompere lo schieramento delle altre compagnie, ma vennero puntualmente respinti dall'azione combinata dei soldati italiani. Il tiro degli alpini colpì alcuni autocarri tedeschi, causando l'esplosione di un mezzo cingolato dotato di un pezzo contraereo e la conseguente morte degli uomini che erano a bordo.

A questo punto i tedeschi abbandonarono l'attacco, arretrando verso il confine. Oltre ai morti del mezzo, ebbero un caduto e 20 feriti, fra cui un ufficiale. Gli italiani contarono cinque feriti.

Da parte tedesca si riferì in seguito la perdita del reparto trasportato sul mezzo antiaereo della Luftwaffe, ucciso dall'esplosione. Ma sulle perdite dei tedeschi al Moncenisio, le varie fonti reperite sono discordi. Sicuramente vi morì l'ufficiale Fritz Bauer e vi furono svariati feriti, ma mentre nella memoria di alcuni testimoni il numero di questi sale a venti, il 10 settembre 1943

---

3 Rapporto del tenente colonnello Gramaglia, *Op. cit.*

il colonnello Schubert aveva comunicato che fino a quel momento le proprie perdite ammontavano a un morto e otto feriti, senza citare gli uomini a bordo del mezzo antiaereo. Il tenente colonnello Gramaglia elogiò i suoi soldati «per la fermezza, il coraggio e la decisione degli uomini, per la disciplina del fuoco, per l'integrale, tempestiva esecuzione degli ordini, durante il combattimento, nelle varie improvvise situazioni venute a crearsi».[4]

In ogni caso la reazione italiana fu confermata dal rapporto che il comando della 19ª Armata trasmetteva alle 5,30 del 10 settembre: «Il gruppo di combattimento Schubert comunica che un reparto italiano di artiglieria tiene sotto tiro, con un fuoco di artiglieria ben diretto dai bunker, le postazioni al passo del Moncenisio. Due mitragliatrici pesanti ed un pezzo antiaereo leggero sono stati messi fuori uso dal fuoco di artiglieria», confermando che il reparto era stato bloccato nei pressi dell'Ospizio «poiché le robuste strutture difensive colà edificate impediscono un'ulteriore prosecuzione dell'avanzata».[5]

Per tutto il 10 settembre il Moncenisio rimase sotto controllo italiano. Alle 22 il Comando tedesco avvisò gli italiani che presidiavano il valico che sarebbero stati trattati come franchi tiratori e fucilati se, entro 12 ore dall'ultimatum, non avessero consentito il passaggio sul colle.

La situazione precipitò con la comparsa dei primi reparti della divisione Waffen-SS-Leibstandarte-Adolf Hitler alla periferia di Torino. Di fronte all'azione tedesca, il generale Adami Rossi, comandante della Difesa Territoriale di Torino, poi passato alla RSI, preferì scendere a patti e ad accettare senza riserve i termini di resa imposti dagli occupanti.

La sera del 10 il tenente colonnello Gramaglia, con i suoi alpini sempre fermi al Moncenisio, ricevette l'ordine di ritirarsi,

4 Rapporto del tenente colonnello Gramaglia, *Op. cit.* e J. Herwig, *L'occupazione del Moncenisio nell'ambito dell'operazione Achse*, in "Die Gebirgstruppe", Bollettino dell'Associazione delle Truppe di Montagna, 1986.

5 Mantelli, *Op. cit.*

con la disposizione di raggiungere il paese di San Didero in Val Susa. Il ripiegamento fu veloce: Gramaglia giunse a San Didero la mattina dell'11, disponendo, dopo aver constatato l'impossibilità di ogni ulteriore azione, lo scioglimento del reparto. A quell'ora i tedeschi avevano già occupato tutto l'altopiano del Moncenisio. Tra il 13 e il 14 settembre 1943 anche gli altri valichi delle Alpi occidentali cadevano in mano alle forze armate tedesche.

Il fronte ritorna sulle Alpi

Il 15 agosto 1944, dopo un intenso bombardamento navale delle difese costiere tedesche, le truppe alleate, americane e francesi, sbarcarono sulle coste della Provenza aprendo il secondo fronte, con una rapida avanzata verso i valichi alpini.

Le forze tedesche si ritirarono gradualmente verso le valli piemontesi, ponendosi a difesa dei colli che permettevano agli alleati di raggiungere la Pianura padana.

Per contrastare l'invasione alleata ed impedirle di valicare le Alpi il maresciallo Kesselring, a cui era stato affidato il comando delle operazioni su questo fronte, dispose il trasferimento in Piemonte della 90ª Panzergrenadier-Division e della 5ª Gebirgsjager-Division.

La ritirata dei tedeschi dalle valli della Savoia si rivelò assai drammatica. Abbandonando la Valle dell'Arc, misero in atto un piano di distruzione che coinvolse paesi, strade, ponti, centrali elettriche, linea ferroviaria e complessi industriali. Per le truppe attestate fra Bramans e Lanslebourg la ritirata si concluse nei giorni seguenti al Colle del Moncenisio, dopo aver fatto saltare il Pont de la Boucle, il Pont du Nant presso l'Esseillon e i ponti di Lanslebourg. La linea del fronte si attestò così, fino alla fine della guerra, sulle creste e sui valichi di confine con l'Italia.

Al Moncenisio furono radunati tutti i reparti ancora efficienti, mantenendo il possesso della strada sul versante francese, dei forti Petite Turra e Mont Froid, nonché del Colle del Piccolo Moncenisio.

Il presidio fu affidato in un primo tempo alla 157ª Reserve-Division, poi sostituita da un reparto d'élite della 5. Divisione Gebirgsjäger, principalmente dal 3° battaglione del Gebirgsjäger-Regiment 100. Ai cacciatori alpini tedeschi si aggiunsero, nella primavera del 1945, la 1ª e la 2ª compagnia del I battaglione Folgore della RSI.

In tutto 1500 soldati esperti e ben equipaggiati, supportati da una ventina di pezzi di artiglieria (nove pezzi da 150 e undici da 75) e mortai da 120.

Nell'autunno del 1944 le forze tedesche perfezionarono le loro difese sul Moncenisio, riarmando alcune delle fortificazioni italiane: il sito dove sorgeva la vecchia Batteria Pattacroce vide lo schieramento di cinque pezzi da 149/35 sistemati sulle piazzole, protette da ripari rudimentali; nelle batterie Paradiso e La Court furono riattivate le artiglierie in cupola corazzata rimettendo al loro posto gli otturatori che erano stati asportati; presso l'alpeggio dei Revets fu sistemata una batteria di cannoni da 75/27, altre due da 75 furono piazzate nei pressi del Passo della Beccia. Una batteria di mortai da 81 della 5ª Gebirgsjager Division fu piazzata alle Rocce di Carlina assieme ad altri mortai da 120 in postazione per battere il Colle di Sollières. Le opere fortificate francesi di Mont Froid e Petite Turra e l'osservatorio di Bellecombe furono occupate da postazioni tedesche. Anche il Malamot, indispensabile per controllare il Colle del Piccolo Moncenisio e le possibili vie di aggiramento dell'altopiano, fu nuovamente presidiato con cannoni anticarro da 47/32 sistemati all'esterno delle opere fortificate del caposaldo.

Le cupole corazzate della Batteria Paradiso armate con cannoni da 149/35.

Il capitano Gerhard Singer[6], comandante del presidio del Moncenisio, aveva una sua concezione operativa sulle guerre in area alpina: «Tenere le cime è molto importante nella guerra in montagna, dove vale il principio fondamentale della vetta, che non deve essere abbandonata e sostenere nei momenti critici

6 Gerhard Singer (1914-1997), capitano del 3° battaglione del 100 Regiment del 5 Gebirgsjager, combatté al Moncenisio. Durante la ritirata ordinò la rappresaglia di Santhià del 29 aprile 1945. Fatto prigioniero dagli americani e rinchiuso nel campo di Verona, nel settembre 1945 ritornò in Germania. Morì a Tuebingen il 6 settembre 1997.

l'attacco», per questo fece costruire delle postazioni per armi leggere su posizioni dominanti sul Colle di Sollières, Cima Cléry, Mont Froid, postazioni molto semplici in blocchi di pietra con la sola apertura per l'arma.

Le grandi e piccole opere del Vallo Alpino non vennero invece più riarmate per evitare una dispersione delle forze della difesa: i ricoveri in caverna servirono per alloggiare le truppe dei presidi; le altre furono disseminate di mine antiuomo per sventarne l'occupazione in caso di aggiramento: «È opinione comune - chiarì il sottotenente della Folgore De Corradi - che noi paracadutisti abbiamo rioccupato le fortificazioni permanenti: in realtà solo qualcuna è stata parzialmente riarmata; nei punti più avanzati, tra le varie opere, sono sorti degli appostamenti difensivi di fortuna, sul terreno roccioso, a cielo libero, semplici muretti a secco in cui si aprono le feritoie per le armi. Le abbiamo chiamate "postazioni di sicurezza", infatti, nonostante la loro precarietà di costruzione, svolgono appieno la loro funzione di "punto forte". Sono poste sui rilievi con scarpate ripide verso il nemico, mascherate dove è possibile da rocce e anfratti, quindi sono facilmente difendibili; alcune, nello stesso tempo, costituiscono un ottimo punto di osservazione».

Oltre il confine, le forze della Francia Libera che fronteggiavano gli italo-tedeschi erano costituite dalla 27ª Divisione di fanteria alpina al comando del colonnello Vallette d'Osia, passata poi agli ordini del generale Mollé, e dalla mezza brigata di Chasseurs des Alpes comandata dal colonnello Le Ray; i battaglioni erano comandati dai capitani Costa De Beauregard e René Grand; la compagnia di Alta Montagna dal capitano Poitau e le sezioni di esploratori dal comandante Lecoanet e del capitano Bordenave del 6° battaglione Chasseurs des Alpes.

L'inverno 1944-1945 fu estremamente rigido: sembrò perfino che le forze scatenate dalla natura volessero mettere pace tra i contendenti; l'altopiano era sotto una coltre di neve che turbinava fittamente senza interruzione, depositandosi in cumuli di grande spessore. Le condizioni del tempo giocavano un ruolo importante, lasciando il campo alle sole pattuglie che si affrontavano in brevi duelli, soprattutto per saggiare la consistenza delle posizioni avversarie ed effettuare le necessarie ricognizioni per stabilire quali punti erano stati occupati.

A queste azioni, come si è detto, parteciparono anche truppe inquadrate nelle forze armate della Repubblica Sociale Italiana, in particolare i paracadutisti del I battaglione Folgore che affiancavano i tedeschi nella difesa delle postazioni fortificate.[7]

La 1ª compagnia paracadutisti, al comando del tenente Lucio Grimani, si era sistemata tra l'Antica Posta e il valico, occupando i Ricoveri 12 e 13 lungo la strada statale. La 2ª compagnia, al comando del tenente Franco Bracardi, aveva invece occupato il Ricovero n. 19, la vecchia caserma di confine della Gendarmeria francese: «Sul Moncenisio i paracadutisti che operavano in armonia con gli "Alpenjager" della 5ª divisione entusiasmarono con le loro azioni i freddi montanari bavaresi, che spesso vollero unirsi alle loro pattuglie per partecipare ad azioni offensive oltre il confine. ... Mimetizzati in candide tute, i ragazzi del "Folgore" ... partivano a notte fonda, lasciando l'abbandonato monastero e l'adiacente lago che la bassa temperatura aveva completamente gelato, e scivolavano verso il fondovalle, silenziosi e guardinghi portando cariche esplosive, fucili di precisione Mauser, MG 42, bombe col manico da lanciare con speciali tromboncini applicati ai fucili».[8]

Il 3 dicembre 1944 una pattuglia di paracadutisti guastatori scese nella Valle dell'Arc e riuscì a minare i ponti stradali attorno a Lanslevillard. Al rientro ebbe un vivace scontro a fuoco con una pattuglia francese.

Frequenti furono gli scontri con le pattuglie partigiane che

---

7 Riguardo al I battaglione Folgore si veda C. Cucut, *Forze armate della RSI sul confine occidentale*, Marvia Edizioni, Milano 2009, pag. 174 e seguenti.

8 N. Arena, *Aquile senza ali. I paracadutisti italiani nella Seconda guerra mondiale*, Mursia, Milano, 1970, pag. 245.

Paracadutisti della Folgore della RSI.

contrastavano l'occupazione nazista con audaci colpi di mano. Alla metà del gennaio 1945, verso le nove del mattino, i partigiani assaltarono in forze le fortificazioni del Malamot con una manovra che, date le condizioni del tempo, poteva anche aver successo. Nel corso dell'avvicinamento partì incidentalmente un razzo dalla formazione partigiana: la scia verde scaturita dalla fitta nebbia allarmò i difensori della postazione. Le vedette scorsero alcuni gruppi che si spostavano veloci inviando raffiche di fucile mitragliatore; non lontano, celato da un piccolo avvallamento del terreno, un mortaio da 60 mm sparava colpi su colpi contro la posizione fortificata. Dal Malamot non tardò a giungere la risposta tedesca con il fuoco dei cannoni anticarro 47/32, delle mitragliatrici e dei mortai da 81.

In breve i partigiani furono costretti a ripiegare verso il fondovalle, seguiti dagli scoppi dei proietti di mortaio.

Il 24 marzo 1945 alcune pattuglie francesi assaltarono una postazione per mitragliatrice piazzata presso il Colle della Vecchia: in aiuto giunse una piccola pattuglia italo-tedesca, formata da paracadutisti e cacciatori al comando dei sottotenenti Marcucci e Zaghi. Lo scontro avvenne nella zona del Lago Savine. Si trattò più che altro di un assaggio per verificare la capacità di reazione della sorveglianza della linea difensiva stabilita sugli accessi al Moncenisio.

Accanto alle azioni di pattuglia furono all'ordine del giorno i bombardamenti di artiglieria, soprattutto quelli tedeschi che avevano come obiettivo la Valle dell'Arc, ormai saldamente in possesso dei francesi. Con il tiro dei medi calibri, dal Moncenisio si poté bombardare la valle, causando notevoli danni al comando di Sollèries e alle diverse postazioni militari degli Chasseurs. Un proietto da 149, sparato probabilmente dal Pattacroce, portò via la sommità del campanile della chiesa di Termignon; molti danni furono anche arrecati alle abitazioni civili del villaggio, base operativa delle Forze di Liberazione francesi. Una delle località più colpite fu l'avamposto di Glières in Val d'Ambin, bersaglio di numerosi colpi di mortaio da 81 tedeschi e dei 149 italiani delle batterie corazzate La Court e Paradiso che sparavano alla massima potenza. Per rivalsa le artiglierie francesi colpivano ripetutamente le postazioni e i baraccamenti del Piccolo Moncenisio.

Con il miglioramento delle condizioni atmosferiche il generale Doyen, comandante dell'Armata delle Alpi, coadiuvato dal generale Mollé e dal colonnello Le Ray, diede il via all'Operazione Izard per conquistare l'altopiano del Moncenisio. Avrebbe dovuto svolgersi solo in due giorni, dal 5 al 6 aprile 1945, con l'obiettivo di assicurarsi un sicuro caposaldo per la successiva offensiva da sferrare verso Susa e Torino. In ogni caso doveva essere completata entro il 9 aprile, per consentire di trasferire l'artiglieria impiegata per l'operazione nel settore sud, in appoggio ad altre operazioni.[9]

Il Moncenisio era difeso dal III battaglione del 100° reggimento Gebirgsjäger, comandato dal capitano Gerhard Singer, schierato nel settore Rocciamelone-Colle Moncenisio-Colle Sollières, e dal I battaglione paracadutisti Folgore, al completo con le sue tre compagnie comandate dal capitano Leonardo Faedda: ai paracadutisti italiani era stato affidato il tratto compreso tra il Colle del Piccolo Moncenisio e il Colle della Vecchia. A tutto il settore era stato inoltre assegnato il I Gruppo del 95° reggimento Artiglieria da Montagna della 5ª divisione Gebirgsjäger.

L'operazione ebbe inizio nella notte fra il 4 e il 5 aprile, quando la SES (Section d'Eclaireurs Skieurs-Sezione di Esploratori Sciatori) dell'11° battaglione Chasseurs Alpins, conquistò di sorpresa la Punta di Bellecombe (2775 m), che sovrasta i colli del Piccolo Moncenisio e di Sollières; il successo giunse dopo un'ardita risalita di circa 600 metri di dislivello, favorita dalle indiscusse abilità alpinistiche di queste pattuglie, tanto più se si tiene conto delle avverse condizioni atmosferiche nella quale fu effettuata. Gli occupanti non si aspettavano un attacco; i francesi si impegnarono tuttavia in un lungo combattimento con bombe a mano e fucili mitragliatori, riuscendo alla fine ad espugnare il pericoloso osservatorio.

Immediatamente entrò in azione il tiro di interdizione dei difensori, attuato con tutte le artiglierie disponibili, in particolare con i pezzi da 75 del Passo della Beccia e i 149 della batteria Pattacroce. Il compito di riprendere la posizione di Bellecombe fu affidato ai paracadutisti italiani. Il comandante del primo battaglione, capitano Faedda, incaricò dell'impresa il tenente Lucio Grimani, comandante della prima compagnia. Il drappello si

9 L'azione francese poteva contare sull'appoggio di 16 pezzi da 75 mm, 7 cannoni da 105 mm, 8 da 155 mm, a cui si aggiungevano altri 6 pezzi da 75 mm e 8 pezzi di preda bellica da 105 mm.

mosse al tramonto, favorito da una leggera nebbia che proteggeva dalla vista del nemico. Mentre i paracadutisti iniziavano a salire, osservando la barriera rocciosa che dovevano superare, la nebbia scomparve e il silenzio fu spezzato da raffiche di mitragliatrice, segno che i paracadutisti erano stati avvistati e la sorpresa era fallita. Gli attaccanti si divisero in due gruppi, il primo, al comando del tenente Francesco Cifani (3ª compagnia del battaglione Folgore) si allargò avvicinandosi alla barriera rocciosa, uno dei punti più difficili e pericolosi: per non esporsi al tiro gli uomini cercarono di aderire contro le parete, formando quasi un tutto unico, sotto l'intenso tiro delle mitragliatrici francesi. Dopo alcuni minuti il fuoco cessò, dando modo al capo pattuglia di avanzare lungo la parete. Il tenente Grimani, sul quale pesava la responsabilità dell'impresa, aguzzò la vista per distinguere la posizione del nemico. Alcune raffiche indicarono che l'avversario si era appostato più in alto; si procedeva con prudenza, anche perché le pattuglie francesi che difendevano la cima costituivano l'elite delle SES e degli Chasseurs des Alpes.

Dopo alcuni minuti il fuoco cessò, dando modo alla pattuglia di avanzare. Il tenente Grimani riuscì a raggiungere senza problemi la cima di Bellecombe, da cui non giungeva più alcun segnale di resistenza. I francesi, esaurite le munizioni, avevano preferito sganciarsi dalla posizione e ritirarsi verso le proprie linee. I partecipanti all'azione furono poi decorati con la Croce di Ferro di Seconda Classe.

Mentre si combatteva aspramente a Bellecombe, per saggiare la difesa ai Coulours, indispensabile per attaccare il Colle del Piccolo Moncenisio, i francesi cercarono di aprirsi un varco in quella zona, dopo aver superato i campi minati ed i reticolati. Alle tre di notte del 5 aprile la colonna Franconie, con una sezione di mitragliatrici comandate dal tenente Fleuret, compì una lunga marcia sul terreno ghiacciato, portandosi in vista dell'obiettivo. Giunta in prossimità delle difese nemiche si fermò, sostando al riparo di alcuni roccioni, in attesa dell'intervento dell'artiglieria francese che, come convenuto, doveva battere le posizioni nemiche. Dopo le prime salve si scatenò il tiro di controbatteria da parte del Pattacroce e delle batterie circostanti. La colonna proseguì poi lentamente, dividendosi in più gruppi: i tedeschi, attaccati da più lati, si ritirarono dai Coulours. Nel pomeriggio toccò ai paracadutisti del Folgore riconquistare le posizioni con un movimento aggirante; a questo punto i francesi si ritirarono secondo gli ordini ricevuti e rientrarono alla base di partenza di Bramans.

La giornata si può riassumere nelle parole del diario di G. Lardinelli, uno dei difensori delle posizioni avanzate del Moncenisio: «La maggior parte dei difensori del Moncenisio, esclusa una modesta percentuale di "vecchioni", aveva età compresa tra i diciotto e vent'anni. Di fronte a noi, in posizione più elevata, potevamo notare un brulichio di truppa nemica che si apprestava ad attaccare mentre tutt'intorno si udivano le pallottole con il loro inconfondibile sibilo metallico mentre trapanavano l'aria o colpivano, alcune rimbalzando, la nostra altura ... Combattemmo da soli per diverse ore. Sparavamo con calma mirando colpo su colpo come ad un'esercitazione. Le canne dei nostri fucili scottavano ma il nostro fuoco si dimostrava molto efficace. Per tale ragione, penso, che il nemico non avesse realizzato di avere di fronte così pochi difensori del passo, diversamente, con il loro schiacciante numero, avrebbero sferrato un attacco a fondo. ... La nostra puntigliosa resistenza aveva permesso frattanto ad un plotone di paracadutisti di arrivare a breve distanza da noi. Quando udimmo il grido di guerra "Folgore" rimanemmo in un primo momento increduli. Non si potrebbe in alcun modo esprimere con le parole il nostro stato d'animo in quel momento. Ormai non ci speravamo più. Eravamo rimasti, fra tutti, con un solo caricatore di fucile e avevamo già deciso come alternarci alla mitragliatrice perché la nostra eliminazione durasse il più a lungo possibile per dar modo ai rinforzi di potersi attestare e contrattaccare il nemico da una posizione accettabile».

Il vero obiettivo dell'offensiva francese era però il Mont Froid che, dall'alto dei suoi 2900 metri di quota, dominava l'intera piana del Moncenisio e tutte le postazioni italo-tedesche.

Gli alpini tedeschi avevano rinforzato le tre vecchie postazioni Ovest, Centro, Est, aggiungendovi piccoli appostamenti per mitragliatrice che battevano con tiro di fiancheggiamento tutto il complesso difensivo. L'impresa dei francesi si rivelava quindi non certo facile, anche per l'altezza dello strato nevoso che ricopriva le impervie vie di accesso.

All'azione fu destinata la 4ª compagnia dell'11° battaglione di Chasseurs alpins del capitano René Grand, a cui venne aggiunta di rinforzo la SES del sottotenente Faure. Il 4 aprile il gruppo lasciò il villaggio Le Verney in Val Savine, preceduto da pattuglie di sciatori con il compito di effettuare le ricognizioni; il grosso seguiva diviso in tre sezioni. Una lunga marcia nella notte gelida, per giungere a mezzanotte alla base della cresta generale Sarret, dove assunse la disposizione per il combattimento. I francesi avanzarono divisi in tre sezioni: gli uomini al comando dell'aspirante Vanier avevano il compito di attaccare la postazione Centrale, il gruppo del sottotenente Faure quella Est e l'ultimo gruppo, agli ordini del tenente Chavet, la Ovest.

Alle prime luci dell'alba partì l'attacco, con il lancio di alcune bombe a mano contro l'entrata della postazione Ovest. La reazione dei difensori fu lenta: sicuri dell'eccezionale posizione dominante del forte e delle avverse condizioni meteorologiche che rendevano improbabile ogni tipo di azione, avevano ritirato le sentinelle esterne. Il colpo di mano francese li colse del tutto impreparati.

Mentre l'artiglieria francese entrava in azione battendo tutti i versanti attorno al forte con tiri molto precisi, due sezioni furono subito inviate contro la postazione centrale che, data la sua importanza, doveva cadere per prima. Infatti da tale caposaldo i tedeschi erano in grado di sostenere con le armi anche le altre due. Gli esploratori delle SES, guadagnato il tetto della postazione, col preciso lancio di bombe a mano dalle aperture, riuscirono a farne uscire i difensori che in parte si arresero, molti riuscirono a fuggire buttandosi da un pendio innevato.

Qualche ora dopo si arrese anche la Ovest. I francesi attaccarono la postazione Est, contrastati dai difensori con un intenso fuoco di mitragliatrice e lancio di bombe a mano. Un altro attacco fu reiterato alle dieci di sera, ma i difensori si erano già sganciati verso il Moncenisio, lasciando il forte in mano agli attaccanti. I primi risultati dell'operazione sembrarono lusinghieri, ma mentre i francesi si sistemavano a difesa del Mont Froid le altre quattro operazioni approntate fallivano una dopo l'altra. Gli attacchi previsti contro le posizioni tedesche del Rocciamelone, del Malamot e del Colle del Giaset, furono sospese, non tanto per la reazione nemica, quanto per le pessime condizioni atmosferiche e per la neve, alta e pesante. Il 6 aprile furono ancora tentate due operazioni, la prima contro il Petite Turra, la seconda contro l'Ouillon des Arcellins. La prima fallì per la pronta reazione tedesca, la seconda perché la 4ª compagnia del 15° battaglione non riuscì nemmeno ad avvicinarsi al proprio obiettivo, a causa del ritardo accumulato nella marcia di avvicinamento, gravemente ostacolata dall'altezza e dalla qualità della neve, nonché dalla mancata conquista del Petite Turra.

Nella notte dal 6 al 7 aprile i cannoni del Pattacroce, del Paradiso, le batterie da 75 ed i mortai bersagliarono Mont Froid. Il tiro fu seguito dal contrattacco per recuperare il Mont Froid: ma gli alpini tedeschi e i paracadutisti italiani, nonostante estenuanti combattimenti, non riuscirono a riprenderlo. Significativa è la testimonianza del caporale maggiore Jean Gilbert che, con la sua sezione, riuscì incredibilmente a resistere contro le soverchianti forze avversarie: «A qualche decina di metri i tedeschi arrivavano gridavano: «Francesi, arrendetevi! Siete presi! ... I tedeschi, che urlano in continuazione, stanno arrivando. Noi ci difendiamo con l'energia dei disperati, ma bisogna risparmiare le munizioni, perché nessun soccorso ci potrà essere inviato ... La nostra sezione conta quattro morti e cinque feriti. È un prezzo costoso per questo Mont Froid!».[10]

L'attacco francese al settore del Moncenisio mise subito in allarme i comandi tedeschi. Il generale Steets e il colonnello Ernst si portarono immediatamente all'Ospizio, sede del comando del III/100, per valutare la situazione.

In un primo momento pensarono di arretrare la linea di resistenza, ma dal comando dell'Armata Liguria giunse l'ordine di riprendere possesso del Mont Froid. Per l'operazione fu trasferita da Bardonecchia al Moncenisio la 1ª compagnia del battaglione I/100. L'attacco sarebbe stato effettuato da quella compagnia e dalla 12ª del battaglione III/100, appoggiate da una sezione lancia-fiamme e da due plotoni mortai. L'attacco fu lanciato nella notte fra l'11 e il 12 aprile. I tedeschi, disposti su due colonne, attaccarono la cresta del Mont Froid, da nord e da sud, dovendo superare una forte pendenza, ma riuscirono a sorprendere i francesi, che dopo qualche ora di lotta accanita, abbandonarono le loro posizioni, lasciando sul campo 12 morti e 63 prigionieri.

Fu testimone dell'attacco, condotto in una difficile notte di tormenta, il sottotenente Dressi del Folgore della RSI: «Proseguiamo nell'oscurità in mezzo al turbinio della neve ed al forte vento che ostacola la marcia, fino ai piedi di un ripido pendio, davanti a noi i reparti di assalto tedeschi avanzano lentamente, poi si allargano in gruppi, manovrano come fossero in una piazza d'armi e si dispongono in ordine di combattimento... L'artiglieria ha ripreso i tiri, le granate scoppiano in alto, quasi sulla cima, altri pezzi aggiustano il tiro sulle postazioni. Quando arriva l'ordine di attacco raggiungiamo la postazione Ovest per sostenere i tedeschi ed evitare attacchi alle spalle ed eventualmente bloccare reparti di soccorso ... Il combattimento prosegue accanito,

---

10 Cfr. M. Minola, *Moncenisio in guerra*, Susalibri 2001. Sulle operazioni della primavera 1945 si veda anche H. Béraud, *Bataille des Alpes. Album Mémorial Juin 1940-1944/45*, Bayeux 1987 e M. Minola, *L'Italia in guerra. Battaglie nelle Alpi*, Susalibri 2020, pagg. 128-138 .

le raffiche di mitragliatrice e gli scoppi delle bombe a mano si susseguono continuamente, poi tutto diminuisce e torna il silenzio: i francesi si sono arresi, hanno assolto il loro compito, dimostrando un ottimo addestramento e, soprattutto, l'attaccamento al dovere e alla Patria; hanno combattuto in condizioni climatiche terribili, isolati, in completa assenza di collegamenti ed ordini dal loro comando, suscitando l'ammirazione dei tedeschi e la nostra».

Mentre si combatteva attorno al Mont Froid, partivano da Replat des Canons in Val d'Arc tre compagnie del 15° battaglione Chasseurs alpins con l'obiettivo di attaccare il forte della Petite Turra, ancora presidiato dai tedeschi. L'attacco sarebbe stato appoggiato da una batteria di cannoni da 75, tre batterie con pezzi da 100 mm e una da 155 mm.

Pattuglie di sciatori si erano spinte in avanscoperta per preparare la via alle compagnie d'attacco e segnalare eventuali movimenti nemici. Le compagnie francesi, malgrado la neve alta che ostacolò non poco la marcia, giunsero in vista del forte Turra alle sei del mattino del 6 aprile, preparandosi ad attaccare sui tre lati, nord, ovest e sud.

Una sezione doveva dare l'assalto alla postazione nord, su una ripida parete: i soldati cominciarono lentamente a salire, sotto il continuo fuoco delle mitragliatrici e dei mortai, poi si arrestarono, impossibilitati a proseguire. Anche le altre colonne non riuscirono a proseguire l'attacco, sia per la tenace difesa dei tedeschi, sia per l'intenso fuoco dell'artiglieria francese, che non potendo ridurre al silenzio i capisaldi del forte, metteva in pericolo gli stessi assalitori. Non ebbe sorte migliore un altro reparto francese che, partito da Termignon, doveva con un lungo giro assaltare le opere dei Revets e Mollard e appoggiare gli attaccanti del Petite Turra: ostacolato da varie difficoltà incontrate nella marcia e dalla forte reazione delle pattuglie di alpini tedeschi, che attaccavano all'improvviso per scomparire quasi subito, dovette ritornare indietro. L'assalto al forte Petite Turra era fallito:

a tarda sera i soldati francesi si raccolsero presso gli Chalets Suiffet e l'altopiano del Replat des Canons, da dove era partita l'azione offensiva. L'affare del Mont Froid, e più in generale lo svolgimento dell'operazione Izard, furono giudicati severamente dai comandi americani che, davanti agli scarsi risultati ottenuti, giunsero alla decisione di non reiterare il tentativo, evitando di fornire altre aliquote di carburante e di munizioni al corpo francese. L'artiglieria francese, dal 5 al 12 aprile, aveva sparato oltre 7000 colpi. Alla fine dei combattimenti i francesi non erano

Gli "chasseurs des Alpes,, volevano irrompere su Susa

Come i paracadutisti del "Folgore,, hanno stroncato l'attacco nemico sul Moncenisio

(Corrispondenza della C.O.P.)

Zona d'operaz., 9 aprile.

Nei giorni trascorsi fra il cinque e l'otto corrente paracadutisti del «Folgore» hanno brillantemente difeso coi camerati tedeschi di Passo del Moncenisio.

Giunti in linea il 29 febbraio, dopo appena una settimana di ambientamento, i paracadutisti del ten. Michelizza sono stati chiamati a sostenere un urto offensivo dell'avversario veramente notevole, per i suoi sviluppi immediati e futuri. La loro difesa ad oltranza delle posizioni occupate e, quindi, una serie di fulminee ed audacissime riconquiste hanno impedito ai francesi di compiere il loro ambiziosissimo piano; piano che, nelle sue linee essenziali, può essere così esposto: attacco delle posizioni dell'estrema sinistra del Passo, dove i francesi sapevano esservi da pochi giorni giunti i nostri paracadutisti, annientamento di questi, e rapida discesa sull'Ospizio, lasciando alle spalle le posizioni tedesche sul Passo, aprendosi, così, una possibile via di discesa su Susa.

Ma il piano è fallito per l'audacissimo comportamento dei paracadutisti del «Folgore».

L'azione nemica cominciò il 5 corrente, e, dopo una preparazione di fuoco intensissima, durata due ore, alle 7 precise, gruppi di «Cacciatori delle Alpi» francesi, ammontanti agli effettivi di più di un reggimento, attaccavano gli avamposti italo-tedeschi sulla destra, al Monte F.; frontalmente due nostri «bunker» al Monte L. C. e, all'estrema sinistra del cerchio di attacco, al Monte M., molto lontano, però, dalle nostre posizioni.

Durante la giornata, dopo violentissimi combattimenti, tre «bunker» italo-tedeschi venivano occupati e le posizioni del settore italiano gravemente minacciate da alcune infiltrazioni.

Fu nella notte e nella giornata del 6 che, fulminea, si realizzò la controazione dei paracadutisti del Folgore.

Partiti nella notte dalla base rifornimento del Reparto, alcuni paracadutisti di riserva, al comando del tenente Grimani, con un'audace scalata in cresta, si portavano sulle posizioni conquistate al mattino dai francesi che questi stessi avevano abbandonate per scendere all'attacco delle nostre linee.

Annientati i presidi rimasti a difesa, dopo sedici ore di combattimento, venivano riconquistati i monti della C., di L. C. e di B.

Dalle posizioni dominanti, alle spalle delle colonne attaccanti francesi, i nostri paracadutisti poterono, nei giorni 7 e 8, sottoporre il nemico a tale violento fuoco di armi automatiche da disunirlo e, conseguentemente, con la collaborazione degli altri paracadutisti e di reparti di alpini tedeschi, annientarlo.

Oggi, con la riconquista del Monte F. effettuata dagli Alpini tedeschi, l'attacco iniziato dal nemico quattro giorni or sono, con grandi mezzi e con molte ambizioni, è completamente fallito.

Adolfo Beria

Articolo sulle azioni del battaglione Folgore al Moncenisio (La Stampa, 10 aprile 1945).

riusciti ad occupare nessuno degli obiettivi prefissati, malgrado il fuoco di ben 45 pezzi d'artiglieria. Con la fine di aprile giunse anche per i tedeschi l'ordine di ritirarsi: l'abbandono delle posizioni del Moncenisio, difeso fino ad una decina di giorni prima, avvenne tra il 27 e il 28 aprile, non prima di aver attivato tutte le distruzioni in programma. I tedeschi sabotarono sistematicamente tutti i pezzi di artiglieria e distrussero i ricoveri che li avevano fino a quel momento ospitati. Poi minarono e fecero saltare per aria le cupole corazzate della batteria La Court e quelle della vicina batteria Paradiso, i cui pezzi da 149 avevano continuato a sparare sul forte Petit Turra e sul valico di frontiera per proteggere la ritirata dei reparti. Un volta compiuta l'evacuazione delle truppe brillarono le mine di tutte le distruzioni previste sulla strada del Moncenisio, dalle Scale fino al Molaretto, isolando completamente il valico dalla sua valle.

Nella mattinata del 28 aprile le prime avanguardie francesi, al comando del sergente maggiore Victor Dunot, marciavano lungo il Piano delle Fontanette per scendere alla Gran Scala e a Bar. In tarda mattinata la compagnia del capitano Stéphane, partita da Bessans e superato il ghiacciaio del Rocciamelone, giungeva finalmente all'Ospizio del Moncenisio. Con un'amara sorpresa: un'ora prima del suo arrivo la bandiera italiana sventolava già sul pennone della caserma. Era stata issata dai partigiani della divisione Stellina del comandante Laghi, Giulio Bolaffi, che avevano occupato il Moncenisio prima dell'arrivo dei francesi.[11]

La guerra era finita, ma ora si apriva un altro preoccupante capitolo sui rapporti con i francesi che, per spirito di rivalsa, volevano far pagare all'Italia il terribile colpo di pugnale nella schiena che Mussolini aveva inferto alla nazione sorella con l'attacco del 10 giugno 1940. E in gioco c'era proprio il destino del Moncenisio.

---

11 G. Bolaffi, *Un partigiano ribelle. Dai diari di Aldo Laghi, comandante della "Stellina" 1944-45*, Torino 1995, pag. 184.

Il Moncenisio diventa francese

Proprio nei giorni della battaglia della Liberazione, fra il 25 aprile e il 1° maggio 1945, le vallate alpine piemontesi furono testimoni della breve occupazione delle truppe francesi, che rese più triste e spiacevole il momento della ritrovata libertà, dopo venti mesi di occupazione tedesca e di dura guerra partigiana.

Il colpo di mano si inquadrava a pieno titolo nelle scelte politiche che il nuovo Governo Provvisorio della Repubblica Francese, sotto la direzione del generale Charles De Gaulle, intendeva prendere nei confronti dell'Italia, in risposta alla celebre "pugnalata nella schiena" inferta nel 1940 con il nostro attacco sulle Alpi. Nei piani del generale era prevista l'opportunità di occupare una vasta area del settore nord-occidentale dell'Italia, quale significativo primo passo per la realizzazione dei piani di annessione della Valle d'Aosta e delle valli alpine occidentali.

L'occupazione francese delle valli, iniziata il 28 aprile 1945, durò tuttavia molto poco. Su pressione degli americani il 1° luglio 1945 i francesi lasciarono definitivamente il territorio italiano e la Valle di Susa per ripassare al di là del confine.

Se era terminata l'occupazione delle valli, non altrettanto si poteva dire dei tentativi messi in atto dai francesi e dai loro agenti per cercare di annettersi l'alta valle della Dora Riparia, che continuarono per tutto l'anno seguente ed almeno fino alla stipula del Trattato di Pace.[1]

Nella discussione del trattato, al Moncenisio venne attribuito un valore strategico non indifferente: nel 1860, quando venne ceduta alla Francia la Savoia, i terreni dell'altopiano appartenevano da secoli al comune di Lanslebourg, in quanto il vecchio limite amministrativo fra il Piemonte e la Savoia era fissato alla base delle Scale. Nel 1946 la Francia rivendicava il Moncenisio,

1 Per le problematiche relative all'occupazione francese delle valli alpine si veda M. Minola, O. Zetta, *Moncenisio. Battaglie e fortificazioni*, Susalibri 2007, pag. 263 e seguenti.

Il vecchio confine italo-francese del Moncenisio con l'obelisco a forma di fascio littorio.

sostenendo in favore della sua tesi proprio il fatto che, per secoli, aveva fatto parte del comune di Lanslebourg e che i pochi terreni di proprietà francese fossero stati espropriati attorno al 1937 per costruirvi le fortificazioni del Vallo Alpino.

Inoltre, per il governo francese, al di là dei motivi strategici e storici, vi era in realtà il desiderio di appropriarsi dei vecchi bacini idroelettrici che alimentavano le centrali della Gran Scala, di Venaus e di Mompantero; centrali che, come quelle della Val Roya, costituivano una risorsa fondamentale per l'industria pesante del Nord Italia.

Le ostinate rivendicazioni d'oltralpe spinsero tutti i movimenti politici a sollevare l'interesse ed il consenso delle popolazioni locali, che, come sempre, risultavano di fatto ai margini di dibattiti e di azioni meditate nelle sedi diplomatiche, senza tenere conto della realtà umana, sociale e culturale esistente delle vallate alpine. Mentre a Roma e a Parigi si discuteva, al Moncenisio «grange e paesi disabitati con i tetti d'ardesia sfondati guardano il trascorrere delle stagioni in attesa di qualcuno che riprenda fiducia e ricostruisca, con la certezza che poi non andrà tutto alla Francia... Due case di pietra ad un piano, semidistrutte, di fronte a circa 100 metri di distanza. Una è la Francia, l'altra è l'Italia: 'JAMAIS!' era scritto sull'una. 'VINCERE!' sull'altra. Grandi lettere nere che differivano solo nella grafia. Ora il tempo le ha stinte e si indovinano appena. Anche il cippo littorio, che ha ricevuto una cannonata in pieno, è semidistrutto e le accette dei fasci non le ha più».[2]

La mobilitazione popolare portò a grandi manifestazioni convocate sull'altopiano stesso: il 29 giugno 1946 una prima gita al Moncenisio al grido di Lasciateci le nostre terre! riuniva un folto gruppo di manifestanti, invitati dall'avvocato Giuseppe Sibille a «sopportare dignitosamente l'oltraggio morale che si sta arrecando al Popolo italiano».

Pochi giorni dopo, il 2 luglio, a Susa vi fu una mobilitazione di protesta contro "la violazione dei nostri sacri confini", seguita il 14, festa nazionale francese, da un altro imponente raduno

2 S. Devecchi, *Un giorno al Moncenisio*, "Sempre Avanti", 18 giugno 1946.

all'Ospizio del Moncenisio, allo scopo dichiarato di ribadire la «piena italianità delle terre che la Francia pretende strappare alla patria nostra»: per favorire la presenza furono fatte venire numerose corriere di partigiani e di turisti da Torino. Nell'estate del 1946 tutta la valle era pervasa da un pesante clima antifrancese che acutizzava le tensioni, ostacolando non poco la ripresa delle normali relazioni tra i due paesi e le loro popolazioni. Tutte le iniziative erano accompagnate da articoli sui periodici locali e nazionali. Non ultima L'Unità, che si schierò apertamente in favore dell'integrità territoriale della Valle di Susa: «Lo storico colle non è soltanto importante dal lato strategico, ma soprattutto dal lato economico, per i suoi pascoli e per i suoi bacini idrici che alimentano le centrali elettriche della Gran Scala, di Venaus e di Mompantero».[3]

Anche sul periodico La Valsusa si mise in evidenza il problema delle centrali idroelettriche che sarebbero passate in territorio francese: «La progettata annessione sposterebbe il confine fino all'altezza del Ricovero n. 5, assorbendo la intera "zona neutra", e cioè da una linea naturale a una ... teorica, indifesa e indifendibile. E così sui picchi nevosi si potrebbero appostare comodamente le armi straniere, non solo a difesa propria, ma a patente offesa nostra e offesa incontrastabile. Avremmo cioè lo straniero in casa. Né basta.

3 *Valligiani al Moncenisio*, "L'Unità", 23 luglio 1946.

Lo specchio d'acqua del Cenisio con il formidabile bacino che a pieno invaso ha piccola capacità di circa 40 milioni di metri cubi, rimane automaticamente in territorio francese.

La centrale di Venalzio, una delle principali d'Europa con 1100 m di caduta in condotta forzata, produzione su 4 ruote Pelton 72.000 HP, quella di Gran Scala, la terza di Cascina Roma, tutte servite dalle acque del Lago, restano virtualmente inutilizzate, o per continuare a funzionare, dovranno attingere l'energia ...

'altopiano alla fine della guerra: buona parte del territorio è ora sommerso sotto il lago artificiale creato dall'EDF.

all'estero. Quali sorti sarebbero riservate all'agricoltura, alla zootecnia quando l'altipiano del Moncenisio non facesse più parte dell'Italia? Ricordiamo soltanto che il fieno del Moncenisio, colà prodotto a migliaia di quintali, è il migliore fieno di montagna di tutta Italia, e che l'altipiano stesso può ospitare nella stagione pastorizia migliaia di capi di bestiame grosso e minuto che può utilizzare fin l'ultimo filo di erba e l'ultima spanna di pascolo alpino sano e nutriente».[4]

Malgrado i notevoli sforzi, la versione definitiva del Trattato di Pace (10 febbraio 1947) sancì le rettifiche territoriali che la Francia aveva fortemente richiesto: «Art. 2. Le frontiere fra la Francia e l'Italia, quali erano segnate al 1° gennaio 1938, saranno modificate nel modo seguente: ... Ripiano del Moncenisio. Il confine lascerà il confine attuale a circa 3 chilometri a nord ovest dalla cima del Rocciamelone, intersercherà la strada a circa 4 chilometri a sud est dell'Ospizio e si ricongiungerà al confine attuale a circa 4 chilometri a nord-est del Monte di Ambin».[5]

Il Moncenisio fu il tratto più penalizzato della valle. Il confine fu arretrato all'imbocco della Piana di San Nicolao, ad un centinaio di metri dal rifugio n. 5: così non solo non si tornò all'antico confine amministrativo tra Piemonte e Savoia, che era collocato alla base delle Scale, ma si dovette subire un'altra pesante penalizzazione, con il passaggio della centrale idroelettrica di Gran Scala alla Francia.

A favore dell'Italia si fecero solo alcune piccole concessioni: furono garantiti un costante deflusso delle acque del bacino del Moncenisio e una parziale fornitura, a prezzo di mercato, della corrente elettrica prodotta dalla centrale di Gran Scala.

---

4 *Il Nostro Moncenisio*, "La Valsusa", 16 febbraio 1946.

5 *Esecuzione del Trattato di pace fra l'Italia e le Potenze Alleate ed Associate*, "Gazzetta Ufficiale della Repubblica Italiana", Roma, 24 dicembre 1947.

Il passaggio dei territori annessi alla Francia non fu privo di contrasti: i francesi, come era avvenuto nell'aprile del 1945, persero un'altra buona occasione per dimostrarsi pacifici e concilianti. Si presentarono ai posti di frontiera schierando soldati in armi e bandiere; ecco come un corrispondente della Stampa descrisse l'ultimo atto della storia italiana del Moncenisio, il trapasso della sovranità dall'Italia alla Francia, quasi una rivincita sul 10 giugno 1940: «Susa, 15 settembre. Siamo partiti da Susa, stamane alle 6, che era ancora notte. Solo a sera tarda si era sparsa la voce dell'imminente occupazione del Moncenisio e le vie della città erano state, insolitamente, affollate fino a notte inoltrata. Nello stesso tempo, al valico, 250 armati francesi bloccavano la strada da Lanslebourg al vecchio confine e perlustravano i monti vicini, temendo un'opposizione dei nostri partigiani ... Lungo la strada abbiamo incontrato militari e civili che sfollano, un po' impressionati per le scene della vigilia, trasportando a valle bestiame e masserizie. Al Moncenisio non sono rimasti che pochi pastori savoiardi, gli albergatori ed il guardiapesca.

Alle ore 7 ci incontrammo, nell'Ospizio, col capitano Lorenzo Lepore, dei carabinieri di Torino, incaricato dal ministero di firmare i verbali di cessione delle proprietà demaniali, col capitano Raffaele Valentino della Guardia di Finanza, con il dott. Pasquale Cozzolino, commissario di pubblica sicurezza, col signor Albani rappresentante della S.I.P.

Quest'ultimo è incaricato della consegna del bacino e della centrale della Grande Scala ad un delegato della società di elettricità francese. Si tratta di un vero e proprio trapasso di proprietà. La direzione tecnica degli impianti e lo sfruttamento dell'energia rimangono però sempre affidati alla S.I.P.

Questa notte, alle 24 le truppe francesi occuperanno il valico. Intanto Modane è imbandierata e tripudiante e, nel pomeriggio, è atteso, all'albergo dell'Ospizio, un folto gruppo di giornalisti e funzionari francesi che con un pranzo desiderano solennizzare la giornata».

«Susa, 16 settembre. Pochi a Susa questa notte riuscirono a dormire. Per tutta la notte, al suono dei campani, mandrie di vacche sfilarono per le vie. Verso l'alba le ultime greggi uscivano dalla città quando noi risalimmo al Moncenisio.

Il tricolore francese sventolava sulla casermetta. Il comandante Jacques attendeva i delegati italiani. Il capitano dei carabinieri Lorenzo Lepore giunse: voleva attendere gli altri delegati, ma i francesi avevano fretta. Con una stretta di mano il capitano Lepore consegnò il Moncenisio alla Francia. Erano le 7,30 e noi fummo gli unici testimoni dell'atto e delle lagrime dell'ufficiale italiano che, dopo avere servito per trent'anni la patria, doveva rappresentarla in questa dolorosa circostanza. Fummo subito invitati a ritrarci sul nuovo confine. Le macchine imbandierate delle truppe francesi ci si incolonnarono dietro. Col motore spento ridiscendemmo i dieci chilometri di territorio perduto.

Il posto di controllo francese presso il Ricovero n. 5, all'ingresso del Piano di San Nicolao (1947).

Ci lasciammo alle spalle l'azzurro del lago e il sole ci sorprese tra le curve della Gran Scala. Dall'ingresso della centrale idroelettrica un bambino ci salutò con la mano. Fermammo le auto cento metri oltre il casello n. 5, al chilometro 70 da Torino e 17 da Susa. Qui la nostra nuova frontiera taglia l'autostrada fra il dirupo di Ferrera Cenisio e un braccio della galleria Fresnel. Posto infelice, così angusto che appare impossibile costruirvi una baracca, minacciato a sinistra dalle valanghe, a destra dai contrabbandieri i quali troveranno sicure vie tra le rocce del Paradiso se non si provvederà ad istituire una stazione di dogana a Ferrera.

Intanto i francesi perfettamente attrezzati senza più curarsi di noi, barravano la strada cento metri più in su, sequestravano la casa del cantoniere e l'albergo dirimpetto, allacciavano linee telefoniche, rizzavano un pennone, scaricavano e caricavano. Il transito delle persone era tollerato e così sarà ancora per alcuni giorni. Le merci, invece, non possono essere portate oltre la stazione del Molaretto.

Mentre giungevano da Torino il vice prefetto conte Albertengo, due funzionari del Genio civile e dell'Intendenza di finanza, il capitano Valentino della guardia finanza e il maresciallo Dina della pubblica sicurezza, scorgemmo una lunga teoria di macchine snodarsi lungo Gran Scala.

Ne contammo trenta. Si affiancarono nei pressi della centrale e, poco dopo, una folla pittoresca invase la strada. Erano giornalisti, fotografi, sacerdoti, borghesi, sei generali, due ammiragli e i funzionari civili dei dipartimenti della Savoia in alta uniforme. Tra gli altri il comandante della gendarmeria Loudory, il direttore dipartimentale della polizia Baillon, il direttore generale delle dogane, il generale di fanteria Dusn. Il rappresentante del prefetto di San Giovanni di Moriana, Grollemund, passò in rivista le truppe, spiegò agli astanti il significato della cerimonia, ordinò l'alzabandiera che fu compiuto alle 12,30. Poi mosse incontro ai rappresentanti italiani e nella bassa cucina della cantoniera firmò i verbali di cessione facendo una sola riserva per quattro vetri e un uscio trovati rotti nella caserma del confine vecchio. Infine si alzò e disse: «Vous pouvez aller». Salutammo ed uscimmo. La folla zittì e si ritrasse. Nessuno sorrise. Ci seguirono a lungo con lo sguardo mentre discendevamo la strada napoleonica verso le nostre automobili e parevano tristi tutti. Susa ci accolse colle saracinesche dei negozi abbassate, e le campane suonavano a morto». [6]

Con l'esecuzione del Trattato di Pace, fra l'Italia e la Francia ripresero i normali rapporti di collaborazione e di buona vicinanza. Terminò anche la storia militare del valico del Moncenisio. I fatti rimasero solo più materia per gli storici.

La dogana francese, prima della costruzione della nuova diga, si trovava nella borgata Gran Croce.

6 E. C., *La consegna del Moncenisio alle autorità francesi*, La Stampa, 17 settembre 1947.

Moncenisio Militare tra Otto e Novecento

Tra la fine dell'Ottocento e i primi anni del secolo successivo il Moncenisio era una grande area militare, soprattutto per il fatto di essere un valico di frontiera e per la grande quantità di opere fortificate che erano state costruite per difendere il passaggio.

Come si viveva in questo vastissimo spazio? Che vita conducevano i reparti dei soldati, bersaglieri artiglieri, alpini, chiamati in qualsiasi stagione a salire e a presidiare le fortezze o i punti dai quali sarebbe potuto arrivare il nemico?

Proviamo a visitarla una di queste fortezze della Piazza Militare, immaginando, con l'aiuto delle testimonianze, lo scandire di una giornata da soldato in una fortezza che può essere il forte Cassa o il Varisello o il Roncia.

L'ingresso della fortezza, pur nella sua semplicità, ha un aspetto austero, con un portale monumentale con grossi blocchi di pietra tagliata. Il fossato che circonda completamente l'opera è valicato da un ponte levatoio, che può venire sollevato o retratto all'interno della fortificazione. I movimenti del ponte erano un tempo affidati al guardarme, un graduato di truppa vestito con una uniforme seria, nera, con una strana feluca usata come copricapo. Egli aveva anche il compito di conservare l'opera fortificata che gli era stata assegnata. Nel 1870-72 i guardarme furono aboliti per lasciar spazio ai guardaforte e ai guardabatteria, marescialli anziani, residenti in zona, ai quali fu demandata la responsabilità delle opere fortificate non sempre presidiate dalle guarnigioni.

Superiamo l'arco del portale ed entriamo nell'opera, accedendo ad un oscuro androne, dal quale si intravede il cortile.

I primi locali che si aprono sull'androne erano destinati al corpo di guardia. Vani angusti, improntati alla massima semplicità: «Il corpo di guardia è una stanzetta rettangolare malamente illuminata da tre finestre a feritoia e contiene appena le quattro brande per i soldati, un tavolo, due panche e una stufa di ghisa messa in un angolo che serve anche da unico fornello per la cucina. È un corpo di guardia come tanti altri, colle pareti sudicie e coperte di iscrizioni e di figurine tutt'altro che ortodosse, con una fumosa lucerna a olio, una pala e una scopa in un angolo e la tabella della consegna appesa al muro».[1]

Accanto al corpo di guardia si trovava la stanzetta dell'ufficiale di picchetto: «La stanza dell'ufficiale di picchetto è semplice, ma pulita, decorosa. Un caminetto in terra cotta in un angolo ... una comoda ottomana, una poltrona, un tavolino, un lavabo, tre o quattro sedie, molte tabelle appese al muro ... Sul tavolo il Registro dei puniti, una scatola di carta da lettere».[2]

Superato l'androne usciamo sul cortile, sul quale gravita l'intero spazio interno della fortezza, separando nettamente le due grandi parti che formano l'opera: da un lato i fronti di fuoco con le artiglierie, diretti verso la possibile provenienza del nemico, dall'altra, gli alloggiamenti del presidio, i magazzini di artiglieria, del genio, di materiali diversi e i numerosi locali destinati all'assolvimento dei compiti della guarnigione.

La caserma della truppa era molto spartana. Le camerate erano costituite da ampi locali con volta a botte, rivestiti da mattoni a vista o intonacati. La luce e l'aria penetravano da ampie finestre rettangolari, incorniciate da perfetti ed artistici conci di pietra tagliata, e chiuse da antine di legno. Nonostante fossero aperte in continuazione, quando le truppe erano in servizio, non risultavano sufficienti a garantire un regolare cambio dell'aria e... purtroppo si sentiva: «un complesso di tre odori ferisce le narici formando quello caratteristico di ogni quartiere. È il derivato dall'odore proprio di un aggregato di carne umana che non può godere del comfort e delle pratiche igieniche in uso fra le persone

1 A. Olivieri Sangiacomo, *Il segreto di Rosario*, in "La vita nell'Esercito", Milano 1901.
2 A. Olivieri Sangiacomo, *Psicologia della caserma*, Milano 1901, pag. 41.

per bene, da quello di una cucina in funzione con fornelli abbondantemente fumosi, e da quello di petrolio e di lumi sudici».[3]

L'arredo era sostanzialmente limitato alle brande, formate da due cavalletti di ferro che sostenevano due lunghe assi di legno sulle quali erano sistemati il paglericcio ripieno di paglia, le lenzuola e le coperte. Ogni branda era distante dalla vicina circa 60 centimetri; gli intervalli riempiti con robuste panche di legno perennemente occupate dagli oggetti della truppa.

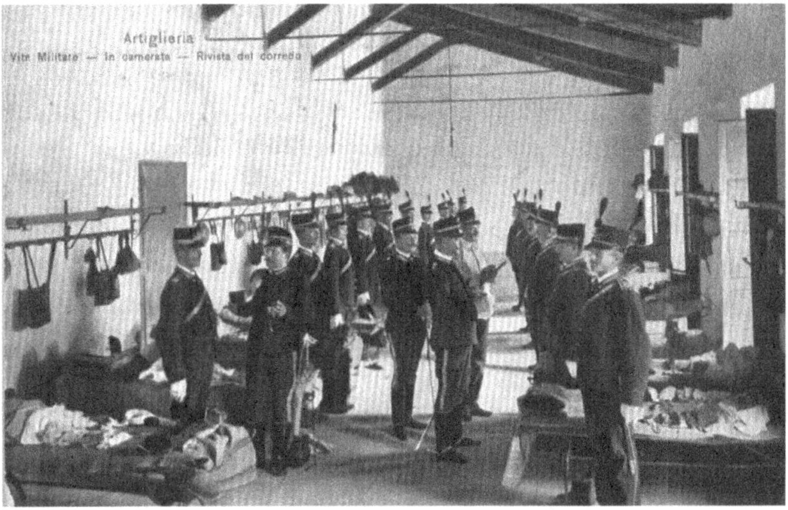

La camerata di una fortezza: notare le semplici brande
e il ripiano assapane per gli zaini e il corredo.

Completavano l'insieme alcuni recipienti per l'acqua, da cui si attingeva mediante un mestolo; le rastrelliere per le armi, le numerose lampade a petrolio Mazzocchi per l'illuminazione notturna e il lungo asse posto sopra i letti, la plancia o assapane, su cui trovavano posto, in file ordinate e simmetriche, gli zaini o il sacchetto degli oggetti "fuori d'uso". Questo sacchetto conteneva gli effetti personali del soldato, cravatte, fazzoletti, fotografie,

3 E. De Bono, *L'esercito nostro prima della guerra, Milano 1927*, pag. 204.

piume di ricambio per il copricapo dei bersaglieri, calze. Poiché il servizio di "casermaggio" che procurava i materiali di arredamento, era affidato ad un'impresa privata che cercava di lesinare il più possibile per ottenere maggiori entrate, gli arredi erano fatiscenti: «Non ricordo in tanti lustri di vita militare di avere visto una panca nuova; so bene, invece, ancora nel 1909, di averne vista qualcuna con la caratteristica impronta dell' N napoleonico coronato; panche quindi che risalivano al Regno Italico!».[4]

Attorno al caporale di settimana ruotava la vita minuta, giornaliera della camerata e quindi di tutta la compagnia: egli raccoglieva i nomi dei malati che marcavano visita, sorvegliava il lavoro dei quartiglieri, distribuiva i servizi ai vari uomini comandati ad eseguirli, radunava i consegnati e conduceva in cella i puniti, assicurandosi del rientro degli uomini dopo la ritirata, al contrappello.

Un incarico assai pesante, poco amato dalla truppa, era la corvée al quartiere e il servizio di fatica, che consisteva nella pulizia delle latrine, dei locali comuni e nello scarico e carico dei viveri, paglia, legna: in genere tale servizio veniva riservato ai soldati più litigiosi, ai puniti per qualche mancanza disciplinare o, come sempre, alle povere reclute appena giunte al reggimento.

Tener in ordine i ben forniti magazzini di una fortezza era impresa assai ardua; nei locali riservati all'artiglieria era ammassata una cospicua dotazione di materiali di ricambio: cannoni, affusti e sottaffusti, pezzi leggeri col relativo carreggio, otturatori, alzi, scovoli, secchie, attrezzature per manopere di forza, quali martinelli, paranchi, funi, paletti, cunei; utensili per il trasporto delle munizioni e per la riparazione dei materiali; bardature per quadrupedi da sella e da traino. Anche i magazzini del Genio traboccavano di varie materie prime per la lavorazione, utensili per i lavori di sterro, materiale telegrafico, attrezzi ed utensili per l'esecuzione dei lavori di mina, strumenti per il rilievo ecc.

---

4 E. De Bono, *Op. cit.*, pag. 243.

Altrettanto ricchi erano i depositi dei generi di sussistenza, quali gallette, scatole di carne in conserva, vino, zucchero, sale, foraggi per i quadrupedi, legna da ardere, olio per illuminazione.

I poveri addetti, oltre a sistemare con cura i diversi materiali, dovevano annotare continuamente i carichi e gli scarichi e compilare decine di specchietti giustificativi che finivano sul tavolo dell'ufficiale responsabile e poi sulla scrivania di qualche generale al Comando della Divisione.

Particolarmente impegnativo, infine, era il compito riservato ai rancieri, con una vita di costanti sacrifici, in un ambiente di lavoro che non era certamente dei migliori.

Il focolare, alimentato a legna o a carbone, ospitava le capaci marmitte di cottura in rame modello 1855, dotate di lunghi bracci che ne permettevano il sollevamento.

La mancata regolazione del tiraggio, il vapore emanato dalle marmitte, i forti odori di grasso e di carne delle cotture,

La cucina di un forte con i rancieri all'opera.

l'affollamento dei numerosi rancieri impiegati nella preparazione dei cibi, rendevano l'aria delle cucine irrespirabile: «Alle cucine si era attratti dall'odore di fumo e un poco da quello del rancio in cottura; essenzialmente dal soffritto fatto con lardo, cipolle e pomodoro e comunemente chiamato il padellotto ... non ho mai trovato una cucina che non facesse fumo. Sicché si giungeva in quell'ambiente fra una nuvola mista del fumo dei fornelli e del vapore delle marmitte. Fra questa nube, gente agitantesi attorno al fuoco, con grandi mestoloni e forchettoni in mano, rossa in viso e con gli occhi lacrimosi».[5]

Una volta preparato, il rancio veniva distribuito; le grandi marmitte da cottura, sollevate grazie ai due robusti manici di legno, erano portate a braccia dai rancieri fino ai locali di distribuzione, ai quali affluiva la truppa in fila indiana, con la gavetta in mano. Il ranciere riempiva le gavette cercando di essere il più possibile equilibrato: fra i mugugni dei più, i soldati più anziani (la vecchia!, sempre la vecchia!) avevano i migliori pezzi di carne.

Il pasto veniva consumato, nella stagione favorevole, all'aperto, nei vasti cortili o sulle piazzole di artiglieria, dove erano sistemate lunghe tavolate e panche di legno. In caso di maltempo si ripiegava sulle camerate: si può ben immaginare quali conseguenze abbia avuto consumare il rancio sulla salubrità degli ambienti per la vita in comune. Finito il pranzo, i rancieri pulivano la cucina e il pentolame. Appena giunta al termine questa incombenza, era di nuovo ora di preparare il secondo rancio, quello serale, che era servito molto presto, non più tardi delle sei di sera. Praticamente in una cucina di un forte, come di una qualsiasi caserma dell'esercito del Regno, il focolare non veniva mai spento del tutto.

In tempo di pace ai fanti, ma anche agli stessi artiglieri da fortezza, era richiesto di esercitare la continua sorveglianza dell'opera fortificata. Il faticoso servizio di sentinella rappresentava l'attività fondamentale del servizio di guardia.

---

5 E. De Bono, *Op. cit.*, pag. 206.

L'eccessiva paura di incorrere nelle rigide sanzioni della mancata consegna e la viva preoccupazione di non farsi cogliere in fallo da un superiore, rendevano eterne le ore passate nella garitta o sugli spalti: nelle ore notturne i poveri fanti di guardia fissavano senza sosta nell'oscurità, pronti a sussultare per ogni minimo rumore. Ed era duro montare di guardia ad un'opera situata nelle immediate vicinanze della linea di confine, dove il rischio di un colpo di mano dell'avversario era sempre da tenere in conto. Si pensi allora alla condizione di quei poveri soldati obbligati a passare il loro turno in uno dei punti più avanzati al Colle del Moncenisio, dove, non di rado, i reparti francesi si avvicinano alla frontiera, spesso con ben altre intenzioni: «Sulla cima del Malamot, alto quasi tremila metri - raccontava a proposito il De Amicis - v'è una piccola caserma difensiva, occupata da un ufficiale e pochi soldati: la linea di confine passa a un palmo dal casotto della sentinella. [Un giorno] questa grida: - Signor tenente, i Francesi! - Il tenente salta fuori. C'è un generale francese accompagnato da due soldati: - *Bonjour, mon lieutenant!* - *Bonjour, mon général!* - Siedono l'uno di fronte all'altro sulla roccia, restando l'uno in Francia, l'altro in Italia; si scambiano un bicchierino di Cognac e uno di Chartreuse, bevendo alla salute dei due paesi, e prima di separarsi, non potendo lasciarsi altro ricordo, si barattano una scatola di fiammiferi».[6]

Tanta rigorosa sorveglianza aveva una sua ben precisa ragione: il nemico infatti non era tanto rappresentato dal probabile invasore, quanto dai curiosi e dalle spie che si avvicinavano ad un'opera per scoprirne le caratteristiche e trasmetterle ai propri servizi d'informazione. Tutto questo fervore nel realizzare forti, batterie, appostamenti, strade al Moncenisio non sfuggiva agli occhi degli informatori francesi.

E gli incidenti di frontiera erano abbastanza frequenti, spesso erano pure riportati dalle cronache dei periodici, come questa,

6 E. De Amicis, *Sul Moncenisio*, in "Capo d'Anno. Pagine parlate", Milano 1902.

del 6 febbraio 1893: «Uno strano incidente è accaduto giorni sono al Moncenisio, presso il forte Roncia ed a breve distanza dall'Ospizio. Il tenente De Rony, dell'8° bersaglieri, comandante del forte suddetto, vide verso sera gironzare nelle vicinanze del forte stesso due individui, armati di fucile, a lui sconosciuti ed all'apparenza cacciatori. Il tenente volle, com'era suo dovere, tener d'occhio i due incogniti, e ordinò a due pattuglie de' suoi uomini di seguirli e sorvegliarli. I due allora si ritirarono fino ad un chilometro dal forte Roncia e, in prossimità della frontiera, presso il passo del Lupo, riparatisi dietro alcune rocce, scaricarono i loro fucili verso i soldati italiani. Questi erano assai lontani ancora, e nessuno fu colpito. Non potendo rispondere con fuoco efficace, né proseguire l'inseguimento, essendo troppo vicina la linea di confine, i bersaglieri si ritirarono. Non si sa se i due sconosciuti erano spie o contrabbandieri o cacciatori di frodo».[7]

Talvolta si riscontravano anche dei problemi nelle esercitazioni a fuoco delle artiglierie. È quanto capitò ai francesi nell'estate del 1897. Andiamo a vedere che cosa accadde aiutandoci con il racconto riportato sui giornali: «Il 23 luglio una batteria da campagna francese dal colle della Beccia eseguiva una esercitazione di tiro, dirigendo gli spari sul contrafforte della Pattecreuse, ove trovasi un forte italiano con la relativa guarnigione. Alcuni proiettili della batteria francese vennero a cadere tanto vicino al forte che se il tiro avesse avuto luogo un quarto d'ora prima, avrebbero colpito le truppe che si recano per consuetudine in quella località a fare esercitazioni. Il capitano francese, comandante di quella batteria, ha fatto le sue scuse per l'incidente avvenuto, spiegandolo col dire che la sua batteria durante il tiro fu investita dalla nebbia, sicché nel dirigere gli spari non poté darsi ragione della località nella quale i proiettili sarebbero andati a cadere».[8]

7 *Fucilate al Moncenisio*, Corriere della Sera, 6 febbraio 1893.
8 *Ancora sull'incidente di frontiera al Moncenisio*, La Stampa, 30 luglio 1897.

Altri particolari ci permettono di delineare con maggiore precisione l'evento: «Il mattino del 22 corrente, intorno alle 9, due carabinieri italiani si trovavano per ragioni di servizio sulla stradicciuola che mena al Piccolo Moncenisio, cioè a sinistra del Mont Froid. Ad un tratto i due carabinieri dovettero fermarsi, perché udirono il fischio di alcuni proiettili, che andarono a scoppiare a circa 150 metri dal forte Pattecreuse, vicino alla nostra batteria. Lì per lì i carabinieri credettero si trattasse di tiri delle nostre artiglierie, provenienti dal Colle della Beccia. Ma più tardi, ragionando sull'avvenimento cotanto strano, dappoiché l'artiglieria italiana suole fare le sue esercitazioni di tiro sui fianchi delle montagne di confine, cioè verso la Francia, deliberarono di ritornare subito alla loro stazione all'Ospizio del Moncenisio per fare rapporto del fatto al loro superiore diretto, il maresciallo Perotto. Questi comprese subito la gravità dell'accaduto, e volle recarsi sopralluogo con gli stessi carabinieri. Cercato e trovato il punto ove i carabinieri avevano udito i colpi, si diedero alla ricerca dei proiettili, ed infatti ne trovarono uno a 300 metri dal forte Pattecreuse. Questo proiettile aveva fatto un buco profondo oltre un metro ed era colà scoppiato. Alcune schegge di granata furono trovate a 100 metri dal forte ed un altro proiettile poco distante. Il maresciallo ed i carabinieri si accorsero subito che si trattava di granate a mitraglia da 78 mm dell'artiglieria francese. Raccolti i proiettili ed i frammenti, ritornarono subito all'Ospizio del Moncenisio, dove informarono del fatto il comandante del presidio cav. Tua, maggiore dei bersaglieri, e il tenente Nappi, comandante la Tenenza dei carabinieri di Susa. Questi ufficiali si recarono anch'essi sul posto. Il tenente dei carabinieri si portò subito all'ultimo casello di confine che porta il N. 18, distante dalla pietra di divisione solo pochi metri, e nel quale ci sono sempre due carabinieri. Colà si abboccò col brigadiere dei gendarmi francesi, che pel primo disse di conoscere la ragione della venuta del tenente italiano. Soggiunse che l'Autorità militare di Lanslebourg era informata del fatto e che lo deplorava vivamente.

Il gendarme disse ancora che al confine era venuto il comandante dell'11ª batteria del 2° artiglieria per dare le opportune spiegazioni al comandante del presidio del Moncenisio. Fu stabilito allora che il colloquio fra ufficiali italiani e francesi avvenisse il mattino della domenica scorsa. Ed il colloquio ebbe luogo proprio sul confine. L'ufficiale francese era il capitano della batteria stessa che tirò i colpi in questione, conte Felix Le Morainville, gli ufficiali italiani il maggiore Tua ed il tenente Nappi. Il capitano De Morainville deplorò l'errore e fece le sue scuse, e raccontò come avvenne il fatto».[9]

L'incidente, che avrebbe potuto avere gravi conseguenze anche sul piano diplomatico, fu rapidamente archiviato dagli Stati maggiori italiani e francesi. A farne le spese fu tuttavia il comandante della batteria capitano De Morainville, sottoposto a procedimento disciplinare, e il generale comandante la divisione di artiglieria che, come riferirono i periodici, fu messo agli arresti dal Ministero della Guerra francese.[10]

Estate calda quella del 1897: Il 15 agosto alcuni escursionisti saliti sul Rocciamelone avevano incontrato sulla vetta quattro militari francesi intenti a riprendere le opere fortificate. Scesi a valle, i gitanti hanno avvertito i carabinieri che, giunti sul posto, avevano arrestato un sergente francese con macchina fotografica, mentre gli altri tre, visto il mal partito, si erano dati alla fuga scendendo a rotta di collo sul ghiacciaio di Bessans: nella corsa precipitosa per ripassare il confine un soldato trovò la morte cadendo in un crepaccio.[11]

Al tramonto anche la giornata di lavoro dei soldati volgeva finalmente al termine. Mentre i rancieri distribuivano il pasto serale, scattava l'ora della libera uscita, un'attesa variante della grigia e monotona vita di fortezza. I giovani soldati, sempre in

9 *Ibidem.*

10 *Ancora sull'incidente delle granate francesi al Moncenisio*, La Stampa, 1° settembre 1897.

11 Sull'episodio si veda M. Minola, O. Zetta, F. Coniglio, *Chaberton misterioso*, Susalibri 2023, pag. 38.

Un gruppo di bersaglieri sulla spianata dell'Ospizio *(Archivio Susalibri)*.

gruppo, sciamavano verso l'Ospizio, invadendo con la loro esuberanza ed allegria le taverne del luogo, per bruciare, nell'arco di una o due serate, i pochi soldi della decade. Per l'economia del Moncenisio, la presenza di una guarnigione o di un presidio costituiva una vera manna, in grado di integrare le già precarie entrate della comunità.

Per gli ufficiali che avevano la sventura di prestare servizio in una fortezza alpina, come quelle del Moncenisio, la vita non era meno dura di quella dei soldati. Nella graduatoria del gradimento, l'artiglieria da fortezza e il servizio di presidio in un forte di montagna mantenevano costantemente l'ultimo posto. Un'ultima spiaggia, alla quale erano destinati soprattutto quegli ufficiali che, per varie ragioni, non riuscivano a trovare una sistemazione migliore. Per questo motivo avere un incarico in una fortezza di confine, era vissuto dai più come un'ulteriore punizione, una pesante ipoteca sulle sorti della carriera e delle aspettative relative all'acquisizione di una posizione nella società borghese dell'epoca.

Se la spartanità imperava negli angusti locali della truppa, creando non pochi disagi, le scarse e disadorne stanzette riservate agli ufficiali non si presentavano poi molto meglio: «Nel forte - raccontava Olivieri Sangiacomo - io abito una cameretta non troppo grande né troppo piccola, imbiancata a calce ... il mobilio è quello solito delle Imprese casermaggio: un letto non del tutto indecente, un comò discretamente tarlato, un tavolino da notte che ... lasciamola lì, un tavolo zoppo … un lavamani di ferro, un attaccapanni e quattro sedie di paglia ... L'alloggio non è quanto di meglio si possa desiderare in fatto di comfort; anche il mio predecessore, nel darmi la consegna, mi ha detto che i topi ci fanno da padroni di casa e mi ha consigliato di prendermi un gatto».[12]

Come per la truppa, le lunghe ore della giornata erano scandite dalle istruzioni e dal lavoro normale di addestramento, come notavano i racconti riportati sulla stampa locale: «Un reggimento di bersaglieri, il 7°, … è accantonato nel sottotetto della gran caserma dell'Ospizio, e le mille berrette rosse animano l'ambiente, contrastando vivamente col verde dei prati in fiore e la cipria delle punte: gli eterni colori d'Italia, la bandiera vivente del confine! Gli alpini del battaglione Susa invece si sono attendati sull'erba, tutti, ufficiali e soldati, sotto grandi tende-baracche in lotta continua colla Savoiarda, un vento di tutta specialità del Cenisio … Da una settimana, tanto gli alpini che i bersaglieri si recano giornalmente al Pian delle Cavalle, dietro il forte Roncia, ad eseguir le undici lezioni di tiro collettivo di guerra. Lo schioppettìo dura delle ore, e le scariche serrate, secche, percuotono i colli, e l'eco si ripete giù sin nella Savoia. L'esito dei tiri fu ottimo, riaffermando la superiorità del nuovo fucile 1891. Il comandante la Divisione militare, generale Ottolenghi, salì anche lui al Pian

12 A. Olivieri Sangiacomo, *La vita nell'Esercito*, Milano 1901, pag. 292.

delle Cavalle, assistendo alle lezioni di tiro e ad un'esercitazione tattica, svoltasi sulle erte pendici del Roncia. I tiri dei soldati furono alternati con quelli del .... vento formidabile, ululante. Le tende degli alpini tremavano, scricchiolavano sotto gli urti violenti della bufera, che poi, si rabbonì tosto, seguita da una calma quasi opprimente. II generale Ottolenghi visitò inoltre alcuni punti strategici e le nuove opere militari a complemento della difesa del passo, fra le quali un baraccamento al Giaset e la strada che porta ad una batteria mobile alle Frasere, una strada che si spinge su in lunghe spire ... Il generale partì soddisfatto dei tiri dei soldati, perdonando, in grazia a questi, quelli del vento».[13]

Le esercitazioni più interessanti erano quelle che coinvolgevano l'artiglieria. E il Moncenisio, in tanti anni di vita militare, ne vide parecchie. La più grande fu sicuramente quella compiuta nell'estate del 1909, quando si bombardò con i cannoni il vecchio Forte Varisello per saggiare la resistenza delle vecchie opere in terra e pietra realizzate soltanto vent'anni prima.

A questi tiri contro il Varisello poterono assistere, oltre ai soldati e agli ufficiali, anche i civili e i turisti che soggiornavano sull'altopiano. Puntuale il cronista de La Stampa riferisce sull'evento di grande attrazione (15 agosto): «I tiri sono cominciati alle 10 precise: la batteria che oggi fece le sue prove sul Varisello, era costituita da due cannoni da 149, tipo allungato, caricati a granata. I due pezzi erano stati collocati presso la casa di rifugio N. XVII, l'ultima che si trova sul territorio italiano, a un centocinquanta metri dal confine e dalla casetta dei gendarmi francesi. Fin dalle prime ore del mattino però la bandiera rossa comparsa sul forte Cassa, aveva segnalato che la giornata sarebbe stata rumorosa. Più tardi carabinieri, bersaglieri in sentinella, artiglieri girovaganti per la prateria, per le balze, intorno alle rive dei due laghi, avvertivano abitanti e passanti dei luoghi in cui sarebbe stato pericoloso mettere piede.

---

13 *Al Moncenisio i tiri collettivi di guerra*, La Stampa, 20 luglio 1898.

Tutti coll'orologio alla mano, il binocolo pronto, aspettavano come un lieto segnale la prima cannonata. E alle 10 in punto, con una puntualità regale, la batteria ha fatto sentire la sua voce formidabile, che parve dare un fremito anche ai giganti nevosi svettanti nel limpido cielo. E poiché era impossibile scorgere il luogo preciso da cui il colpo secco, breve, quasi rabbioso era partito, tutti gli sguardi si appuntarono sul povero Varisello, tozzo, basso, grigio ... E fu vista allora, qualche secondo dopo, sollevarsi proprio dal mezzo del forte una nuvoletta bianca, e uno scoppio

Il forte Varisello bombardato nell'estate del 1909 (Service Historique de la Defense, Vincennes).

sordo e quasi velato. La granata era caduta nel cuore dell'ex-fortezza ... Pochi minuti dopo, un altro colpo: stavolta la granata, squarciandosi, solleva dal forte una nuvola più densa, nerastra come il fumo d'un camino di fabbrica. È caduta sulla terra che ricopre le opere murarie circolari del forte e ne ha mandato un nembo per aria ... Dopo una decina di colpi, sul lato del Varisello che guarda verso Lanslebourg, notiamo una macchia nera di più, a più in alto delle aperture per le canne dei cannoni: è una prima breccia fatta da un colpo meglio assestato degli altri».[14]

14 *I tiri dell'artiglieria contro il forte Varisello*, La Stampa, 15 agosto 1909.

Non per tutti gli ufficiali la vita al Moncenisio era così dura: qualcuno, dal carattere forte e determinato, riuscì a ritagliarsi il proprio spazio vitale, creandosi una ragione di vita anche all'interno di una delle cupe fortezze delle Alpi. Fu così per l'allora capitano dei bersaglieri Eugenio De Rossi, confinato con il proprio battaglione in quelle che definì le umide tane del Moncenisio. Sentiamo il dettagliato racconto della sua esperienza, che risulta una delle migliori pagine della vita nei forti di montagna: «La vita al Moncenisio in inverno era veramente impossibile, i terribili distaccamenti al Roncia, al Malamot, alla Pattacreuse, umide tane da marmotte oltre i 1200 metri, erano tali da deprimere i più coraggiosi; ma il fatto che alla permanenza colassù era unito un soprassoldo di due lire al giorno, faceva riservare quei luoghi di esilio ai così detti "finanzieri", perché vi si recassero a purgare i debiti. Vi erano tra essi dei tipi amenissimi, e ne ricordo uno che aveva ridotto il suo menu ad un solo piatto, mattina e sera gnocchi di patate, per raccogliere, oltre alla ritenuta che gli facevano per sistemare le sue pendenze, un centinaio di lire di economie. Appena avutele scendeva a Torino, e se le godeva in ventiquattr'ore e poi ritornava sereno al suo nido d'aquila. Altro originale era un certo tenente R ..., splendido tipo di atleta, che abitualmente non scendeva mai dal primo piano, ma saltava in basso dalle finestre. Il giorno dell'Epifania, per dire uno dei suoi "tours de force", andò a mezzogiorno a Susa e ritornò per l'ora di pranzo, con in mano la torta che mancava per la mensa. Abitava al Roncia e scendeva a colazione e pranzo al comando dell'Ospizio, con qualunque tempo, superando ogni volta 400 metri di dislivello; da questo forte, vedendo un giorno un contrabbandiere varcare il passo del Lupo gli tirò un colpo con un pezzo da 15, come si diceva allora, destando l'allarme sino a Susa».[15]

15 L'episodio raccontato dal De Rossi riferito al Forte Roncia è sicuramente quello già sopra riportato dall'articolo di cui alla nota 7 di questo capitolo. E. De Rossi, *La vita di un ufficiale italiano sino alla Guerra*, Milano 1927.

L'Ospizio del Moncenisio in una ripresa aerea degli anni Cinquanta.

«... La neve era intanto, tornando a bomba, venuta a sospendere i lavori, prima che sorgesse qualche conflitto. Le escursioni tuttavia non cessarono e periodicamente noi e i francesi, qualunque tempo facesse, battevamo la montagna».

Il pericolo era costituito dalle valanghe, piuttosto frequenti in un tempo e in una zona nella quale potevano anche cadere cinque metri di neve: «Moncenisio (Susa), 12 febbraio. Ieri, verso le ore 10, partivano dall'Ospizio 10 alpini con un sergente e un sottotenente della 36ª compagnia e 4 bersaglieri con un caporal maggiore della 9ª compagnia per un'escursione sui monti vicini. Quando la comitiva si trovò presso il colle Beccia si staccò improvvisamente una valanga di neve e 12 individui furono travolti dalla frana e trasportati fra la neve per un tratto di circa 600 metri. Per un vero miracolo, coadiuvandosi a vicenda, si poterono salvare tutti senza male alcuno, poiché la neve era asciutta; si lasciarono però sul luogo 4 fucili e qualche oggetto di vestiario.

Al rumore della frana il comandante il presidio inviò subito dei drappelli di salvataggio, ma per fortuna non fu necessario il loro aiuto. Oggi credo sia comandato un drappello alla ricerca degli oggetti smarriti; ma sarà difficile ritrovarli perché dove la valanga si spezzò la neve arriva a 5 metri, se non dì più».[16]

Anche i francesi – ricorda il De Rossi - incorsero nella sciagura di una valanga: «Un giorno un drappello di venti Chasseurs con un ufficiale, partiti dal Sollières, percorrendo la cresta del Monte Clary, precipitò nel nostro versante, al Pian delle Marmotte. Dal forte Pattacreuse accorsero i nostri bersaglieri, gli uomini furono salvati e ricondotti al loro baraccamento, il materiale rimase nella neve. In primavera si ritrovarono 21 fucili Lebel, mentre i francesi ne reclamavano 20. Vidi così per la prima volta quell'arma che fu mandata a Roma».[17]

Fra le tante testimonianze spiccano senza dubbio quelle che Edmondo De Amicis raccolse tra gli ufficiali dei forti del Moncenisio, incontrati nell'estate del 1901 durante un soggiorno sull'altopiano. Nelle sere estive soldati e ufficiali in libera uscita convergevano all'Ospizio e all'albergo della Posta per passare qualche ora in allegria con le signorine della buona società torinese in villeggiatura al Moncenisio e con i turisti che vi pernottavano.

Dalle conversazioni con gli ufficiali ne uscì un quadro attento, magistralmente descritto dal De Amicis, e soprattutto aderente alla quotidianità di quegli uomini relegati nelle solitarie fortezze alpine, al confine con la Francia, possibile e nuova nemica: «All'albergo, dopo cena era la benedizione di Dio una brigata di giovani ufficiali dei bersaglieri, che venivano dall'Ospizio, a passar la serata con noi, o per dir meglio, a darci spettacolo della loro sfavillante gioventù con trattenimenti di canto e di musica, qualche volta anche di recitazione e di ballo.

In quelle conversazioni piacevolissime imparai per la prima

16 *Soldati investiti da una valanga*, Corriere della Sera, 13 febbraio 1892.

17 E. De Rossi, *Op. cit.*

volta che cosa sia la vita invernale degli ufficiali nei forti di montagna e le descrizioni che ne intesi mi fecero un senso così vivo che non mi segue mai di ripeterle ad altri senza cader nell'illusione di averle tratte io stesso dal vero.

Quando l'inverno si avvicina, tutti si preparano l'animo come a un castigo del cielo ... alla prima grande nevicata, addio vita ... Per giorni interi vengon giù fitte che si toccano falde di neve grandi come biglietti di visita, sotto le quali tutto dispare. Tutto l'altipiano è bianco, non si vedono più né alture né avvallamenti, il muro di cinta dell'Ospizio è sepolto, i forti scompaiono, lo stradone, il lago, le abitazioni dei pastori, ogni cosa riman nascosta dalla neve che s'alza fino al primo piano delle case; nelle quali gli abitanti che vengon di fuori non possono più rientrare che per la finestra. ... Peggio è quando si scatena la tormenta, prodotta dal vento detto la Savoiarda, perché vien dal lato della Savoia, e dalla Lombarda, spirante dal lato opposto, alle prese tra di loro. Il nevischio sollevato a vortici e lanciato in tutte le direzioni penetra come una farina finissima anche a traverso le doppie vetrate, rompe i fogli di carta appiccicati alle feritoie, pare che passi le pietre dei muri, forma sul pavimento delle stanze, strisce alte e sottili come lame di seghe, e copre spesso anche i letti, dove i soldati si riscotono dal sonno intrizziti e immollati. Dalle feritoie e dalle finestre, per lunghe giornate, non si vede più che un turbinio fittissimo di polvere bianca che nasconde i monti e il cielo ed empie tutto lo spazio e flagella senza posa i muri e i vetri (...). Il polvischio gelato irrompe nei condotti e si caccia nei tubi delle stufe, che si debbon spegnere, per non essere asfissiati, e allora, per salvarsi dal freddo, che scende ad oltre venti gradi sotto lo zero, bisogna ballare la danza di San Vito, mangiare imbaccuccati nella mantellina, mettersi a letto con tutto il corredo sopra le coperte. I fili telefonici, che uniscono ciascun forte al comando, e i forti fra di loro, non servon più, o non danno che voci confuse, non intelligibili: non si ha più alcuna comunicazione con l'umanità esteriore, nemmen per segnali semaforici; si è come sopra una nave immobile in mezzo a una tempesta di neve».[18] Non era poi così raro che i soldati che smontavano dalla guardia esterna si perdessero nella furia della tormenta, come era accaduto nel gennaio del 1905: «Giunge notizia dal Moncenisio che il giorno 7 corrente, due bersaglieri del 1° reggimento, causa una forte tormenta, smontando di guardia, si smarrirono nei pressi del forte Cassa. Un numeroso drappello, agli ordini del capitano Nasi, dei tenenti D'Errico e Raggio, ricercò i dispersi parecchie ore, sotto la tormenta, ma inutilmente. Al calar della notte il drappello fu costretto a rientrare nei forti. È facile immaginare l'apprensione degli ufficiali, dei bersaglieri, che ritennero perduti i loro compagni, tanto più che la tormenta soffiò per tutta la notte. All'indomani, in migliori condizioni atmosferiche, ma col triste presentimento di non più ritrovarli vivi, furono riprese le ricerche; ma non appena queste iniziate, si videro miracolosamente spuntare dal vallone del Paradiso i due bersaglieri ricercati, i quali si avanzavano verso il Cassa. Essi, dopo molte ore di angoscia, erano riusciti a penetrare in una grangia, ove passarono la notte. Festosamente accolti dal comandante del battaglione, dagli ufficiali e dai soldati, i due scampati furono accompagnati all'Ospizio, ove vennero loro prodigate le massime cure».[19]

«Ma anche quando non imperversa la tormenta - continua De Amicis - la vita nei forti, d'inverno, è mortalmente tediosa. Non si può leggere perché, quando non c'è il sole, dalle feritoie chiuse con vetri doppi o con carta non entra luce che basti. Nei cortili o negli anditi aperti non si può passeggiare perché c'è ammontata la neve. Come ammazzare il tempo? C'è il gioco delle carte; ma vien presto a noia. Discorrere? Non son nel forte che tre ufficiali; ogni argomento è presto esaurito, e le novità mancano.

Per i soldati è tutt'altra cosa ... Stanno tutto il giorno seduti in cerchio intorno alla stufa scoperchiata, ad arrostirsi la faccia sul

18 E. De Amicis, *Op. cit.*

19 *Soldati smarriti al Moncenisio*, La Stampa, 12 gennaio 1905.

fuoco, coi gomiti sulle ginocchia e la pipa in bocca, senza mostrare alcun ribrezzo di quell'aria viziata che ributta indietro gli ufficiali, soffocati dalla tosse e con le lacrime agli occhi: pare anzi che ci godano, perché non c'è verso d'indurli mai a smoccolare la lampada a petrolio che aggiunge agli altri il puzzo micidiale del suo fumo. Hanno un supplemento di viveri, mangiano come lupi, fanno digestioni di serpenti boa, e quando si senton poco bene, si intrugliano da sé, con le erbe mediche di cui il Moncenisio abbonda, certi decotti dell'altro mondo, coi quali guariscono o credon di guarire da ogni male».[20]

Un po' più rari erano gli eventi che rompevano la monotonia della vita quotidiana del Moncenisio. Certamente un po' di movimento lo creò la gara automobilistica in salita Susa-Moncenisio, a partire dalla prima edizione che si tenne il 27 luglio 1902, sotto l'alto patronato del Duca d'Aosta e della duchessa Laetitia Bonaparte. Queste manifestazioni ebbero il merito di far conoscere al grande pubblico le automobili e introdurre personaggi che sarebbero diventati famosi di lì a poco, come Vincenzo Lancia, il vincitore della prima gara. Ma fra le tanti curiosità c'è da rilevare, dalle cronache, la diffidenza che i comandi militari del Moncenisio dimostravano verso la nuova competizione sportiva. Si legge infatti che nell'estate del 1904 proibirono agli organizzatori della manifestazione e ai giornalisti presenti di scattare foto alla gara e alle auto, specialmente alla Gran Croce e all'Ospizio, per evitare scatti diretti alle fortificazioni. Proprio in quell'estate salirono al Moncenisio i giovani Arturo Ambrosio e Roberto Omegna, con una nuova trovata tecnologica che avrebbe rivoluzionato il mondo della comunicazione: una macchina da presa Urban comprata a Parigi con diversi metri di pellicola. Non essendo giornalisti, non ebbero difficoltà a riprendere la corsa delle auto, ricavando un film (una *filme* come si diceva allora) di 98 metri di pellicola, circa 4 minuti. Il primo documentario reportage sportivo di cui

20 E. De Amicis, *Op. cit.*

si abbia memoria. Purtroppo l'originale è andato perduto.[21] Alla competizione del 10 luglio 1904 partecipò la regina Margherita, appassionata di automobili. Dal palco reale, elevato alla sommità delle Scale, in una sporgenza caratteristica, poté scorgere i bolidi in gara salire i tornanti per guadagnare il traguardo, che era sistemato poco prima del Ponte rosso, nella piana dell'Ospizio: «Passa prima l'automobile di SAR la Regina madre, accompagnata dal marchese Guiccioli e dalla marchesa Villamarina; la Regina si ferma al palco reale. Dieci minuti dopo arriva l'automobile della principessa Laetitia, che è accompagnata dal conte Fosfati, dal marchese Moncrivello e dalla contessa Bulina. La Principessa prosegue fino all'Ospizio, dove offrirà una colazione. Poco dopo ritorna al palco reale».[22]

La regina Margherita e la duchessa Laetitia al Moncenisio nel luglio 1904 per la gara Susa-Moncenisio *(Archivio Susalibri)*.

21 M. Canavoso, D. Bilardi, *La corsa più antica del mondo Susa-Moncenisio*, Susalibri 2023.
22 La Stampa, 10 luglio 1904.

Fra gli altri eventi un po' insoliti c'è da riportare l'escursione in automobile del re Vittorio Emanuele III e della regina Elena. Il 25 settembre del 1909 i sovrani attraversarono in gran segreto Susa in automobile per recarsi al Moncenisio. Pochi seppero di questo passaggio, tanto più che l'abbigliamento da semplici turisti indossato dal re e dalla regina fece sì che difficilmente si potessero riconoscere. Alla dogana di Molaretto un carabiniere di guardia, senza riconoscere il re, si presentò ai viaggiatori per richiedere se avessero macchine fotografiche, vietate nelle zone fortificate di frontiera. A questo punto l'incognito turista si tolse gli occhiali e sorrise ai carabinieri. I militi, riconosciuto il sovrano, scattarono subito sull'attenti, balbettando alcune imbarazzate scuse. Ma Vittorio Emanuele, sorridendo, rispose con un elogio, complimentandosi con loro perché avevano eseguito senza indugio il proprio dovere. L'automobile reale, dopo due chilometri, subì un guasto, costringendo il re e la regina a consumare la colazione in un prato: «Una ragazzina che fu da guida ai Sovrani ebbe dalla Regina una lauta ricompensa. Alcuni montanari che assistettero alla scena, saputo che si trattava del Re e della Regina, si tolsero il cappello e rimasero lì attoniti, a mirare il grazioso quadro campestre».[23]

Più tardi, giunta l'automobile di servizio, il corteo raggiunse l'Ospizio: «Dopo una brevissima sosta sul magnifico altopiano e una visita al forte Varisello le loro Maestà vennero salutate rispettosamente dagli ufficiali del distaccamento».

Concludiamo la nostra carrellata sul mondo militare del Moncenisio con un evento che segnò un'epoca. Si tratta del primo atterraggio di un velivolo in alta montagna, compiuto il 20 ottobre 1913 dal maggiore Carlo Maria Piazza, pioniere dell'aviazione italiana e comandante del mitico battaglione aviatori di Torino, precursore dell'Arma aeronautica. Riportiamo il racconto dell'impresa, come lo descrisse l'articolo de La Stampa di Torino:

23 *Un curioso incidente toccato al Re*, La Stampa, 30 settembre 1909.

«Il maggiore Piazza, comandante delle squadriglie presso il battaglione aviatori del nostro Esercito, ha compiuto nelle ultime 24 ore un volo meraviglioso; che certo farà epoca negli annali dell'aviazione. Egli, che per primo ha volato sulle terre della Libia, ha voluto con la prova di ieri, divenire detentore del più alto atterraggio … Lunedì pomeriggio (20 ottobre) l'aviatore Piazza si portava al campo di Mirafiori e salito a bordo di un monoplano Blériot, munito di un motore Gnome di 80 HP, dopo avere compiuto un giro sull'aerodromo stesso, si dirigeva verso Rivoli, dove passava ad un'altezza di 3200 metri. Avanzando nella Vallata di Susa, il viaggio era ostacolato dalla nebbia, ma l'aviatore poteva dirigersi benissimo verso la sua meta facendo uso della bussola. Aveva lasciato l'aerodromo di Mirafiori alle ore 16 e in 80 minuti il monoplano aveva raggiunto il Colle del Moncenisio (metri 2084), sul quale si librava maestoso, fra la sorpresa di quanti fanno parte di quel distaccamento militare. Dopo avere compiuto ancora un giro sulla frontiera, l'aviatore atterrava sulla spianata più prossima, alle cosiddette Scale. Il maggiore Piazza era incontrato dal capitano Contrada dei bersaglieri, comandante quel distaccamento, e veniva festeggiato e complimentato da tutti gli ufficiali e dai turisti presenti. Si dava immediatamente notizia al battaglione di Torino dell'arrivo al Moncenisio e subito partiva un camion col capitano Crosa, il tenente Agosti ed un meccanico. In breve tempo gli ufficiali del battaglione raggiunsero il colle e diedero tutte le disposizioni perché l'apparecchio fosse ricoperto da una tela da campo. Ieri mattina l'aviatore Piazza, nonostante fosse febbricitante decideva di fare ritorno a Mirafiori e alle ore 10 precise, salutato dagli ufficiali, spiccava il volo e, dopo avere raggiunto la quota di 3000 metri, si dirigeva verso Mirafiori, dove scendeva alle ore 12 circa. Durante il viaggio il maggiore Piazza riprese numerose fotografie».[24]

---

24 *Il maggiore Piazza si porta in volo sul Colle del Moncenisio*, La Stampa, 22 ottobre 1913.

BIBLIOGRAFIA ESSENZIALE

Archivio *Corriere della Sera*, numeri vari.

Archivio *La Stampa*, numeri vari.

Bellet J., *Le col du Mont-Cenis. Porte millenarie des Alpes*, St. Jean de Maurienne 1976.

Béraud H., *Bataille des Alpes*, Tours 1987.

Campanella E., *Il confine italo-francese. La delimitazione nelle diverse epoche*, "L'Universo", 5, 1981.

Carandini L. , *Il grande valico*, Novara 1960.

Corino P. G., Dezzani L., *Una strada per il Moncenisio*, Susa 1986.

Demouzon L., *Offensive sur la Maurienne*, Ed. Gaf., 1997.

Demouzon L., *Les fortifications françaises du Mont-Cenis 1890-1945*, 2007.

De Rossi E., *Moncenisio. Due attacchi notturni. Aprile-maggio 1794*, "Rivista Militare Italiana", Roma 1896.

Frâncoz L., *Le Mont Cenis sous dom Gabet*, Lione 1879.

Gariglio D., Minola M., *Le fortezze delle Alpi occidentali*, vol. I, L'Arciere, Cuneo 1994.

Krebs L., Moris H., *Campagnes dans les Alpes pendant la Révolution*, Paris 1895.

Minola M., *Alpi occidentali 1943-1945. L'ultima difesa della frontiera alpina*, Susalibri 2014.

Minola M., *Battaglie di confine della Seconda guerra mondiale*, Susalibri 2010.

Minola M., *Moncenisio in guerra*, Susalibri 2001.

Minola M., *Napoleone in Piemonte*, Il Punto, 2014.

Minola M., Zetta O., *Alpi inviolabili, Il Vallo Alpino fino alla Guerra fredda*, Susalibri 2022.

Minola M., Zetta O., *Moncenisio. Battaglie e fortificazioni*, Susalibri 2007.

Patria L., Gilibert A., *La comba di Susa e il Moncenisio. Incisioni e disegni dal XVI al XIX secolo*, 1996.

Ugo G., *Il confine italo-francese. Storia di una frontiera*, Milano 1989.

Vedovato G., *Il Trattato di pace con l'Italia. Documenti e carte*, Roma 1947.

Zetta O., Minola M., *Esplorando il Vallo Alpino*, Susalibri 2016.